Джон Мак-Артур

I0517624

ИСТОРИЯ О ДВУХ СЫНОВЬЯХ

Правда об отце, его сыновьях
и шокирующем убийстве

Благая весть
Самара, 2025

УДК 241
ББК 86.376
М15

A TALE OF TWO SONS
The Inside Story of a Father, His Sons,
and a Shocking Murder
JOHN MACARTHUR

Верстка и дизайн обложки: М. Литвинова

Мак-Артур, Джон.

М15 История о двух сыновья. Правда об отце, его сыновьях и шокирующем убийстве. — Самара, Благая Весть, 2025. — 272 с.

TMAI Edition ISBN: 978-1-967358-18-2

The Master's Academy International
E-mail: publishing@tmai.org

УДК 241
ББК 86.376

Если не указано иначе, ссылки на места Священного Писания даны по Синодальному переводу Библии.

ОГЛАВЛЕНИЕ

Моим сыновьям Матфею и Марку, которые никогда не подвергали своего отца тем горестям и душевным страданиям, что пережил отец блудного сына. Их верная любовь ко Христу и неизменная любовь к своему отцу каждый день ярко и живо напоминают мне о том, как благословенна моя жизнь.

БЛАГОДАРНОСТИ

Ни одна из моих книг не была бы выпущена без огромной помощи редакторов, коллег и друзей, которые посвятили долгие часы своего труда тому, чтобы книги, подобные этой, появились на свет.

Я благодарен сотрудникам издательства «Томас Нельсон», чей энтузиазм и ясное видение потенциала этой работы помогли создать проект и поддерживать его развитие с самого начала. Моя самая искренняя благодарность и признательность Роберту Вольгемуту, чей творческий подход и глубокое знание издательского дела я ценю так же, как и нашу дружбу. Также я признателен Филу Джонсону, который преобразовал записи проповедей в формат, пригодный для написания книги. За последние четверть века Фил работал со мной рука об руку и отредактировал более пятидесяти моих книг.

Я хочу выразить признательность Кеннету Бейли, чьи книги «Поиск утраченных культурных ключей к Луки 15» (Сент-Луис: Конкордия, 1992); «Крест и блудный сын» (Сент-Луис: Конкордия, 1973), «Поэт и крестьянин» (издательство «Эрдманс», 1976) особенно помогли мне в подготовке проповедей, на которых основана эта книга.

Как всегда, я глубоко признателен и благодарен членам церкви «Грейс» и многим поддерживающим меня близким людям, которыми Господь милостиво окружил меня. Особенно благодарен моей возлюбленной жене Патриции, нашим детям, их супругам и нашим дорогим внукам. Без их долготерпения и духовной поддержки (несмотря на многочисленные неудобства, которые они испытывали в те долгие часы, когда я был погружен в исследование и писательский труд), я бы не смог выдержать все тяготы писательской работы в дополнение к другим обязанностям служителя.

Господь был несказанно милостив ко мне.

Джон Мак-Артур

НЕЗАБЫВАЕМАЯ ИСТОРИЯ

Большинство людей сегодня в той или иной степени знакомы с притчей о блудном сыне, записанной в Евангелии от Луки 15:11–32. Даже те, кто практически ничего не знают о Библии, имеют какое-то представление об этой истории. Ее сюжет и язык глубоко укоренились в нашей духовной жизни и литературных традициях.

Шекспир, например, заимствовал сюжетные линии и мотивы из притчи о блудном сыне и использовал их в пьесе «Венецианский купец» и в исторической хронике «Генрих IV». Великий поэт также неоднократно ссылался на эту притчу в других своих драмах. Артур Салливан положил слова из этого библейского отрывка в основу оратории «Блудный сын», Сергей Прокофьев поставил балет по сюжету притчи, а Бенджамин Бриттен превратил историю о блудном сыне в оперу. Кантри-певец Хэнк Уильямс, находящийся на другом конце музыкального спектра, написал песню «Блудный сын», в которой сравнил возвращение главного героя домой с радостью небес. В крупнейших художественных музеях мира можно найти произведения, изображающие сцены из жизни блудного сына. Среди них есть знаменитые рисунки и картины Рембрандта, Рубенса, Дюрера и многих других художников.

Слова и образы из всем известной притчи прочно вошли и в современный язык. Часто можно услышать, как непутевого ребенка называют «блудным сыном» (или дочерью). Люди говорят: «заколоть откормленного теленка» (о любом масштабном пире); «наполнять чрево рожка́ми» (о потреблении банальных, поверхностных или мирских вещей, которые не питают духовно); «жить распутно» (о разгульном или вызывающем образе жизни). Возможно, вы слышали или читали эти фразы, не подозревая об их источнике. Они заимствованы из Библии, из самой известной притчи Иисуса.

ИСТОРИЯ, КОТОРАЯ ОСТАЕТСЯ В ПАМЯТИ

Притча о блудном сыне — одна из нескольких запоминающихся притч, записанных только в Евангелии от Луки. Она выделяется среди других по многим причинам.

Из всех притч Иисуса эта наиболее богата деталями, очень драматична и применима лично к каждому. Она полна эмоций: от грусти до триумфа, шока и, наконец, тревожного ожидания развязки. Персонажи всем знакомы, поэтому людям легко понять блудного сына, ощутить горе отца и в то же время посочувствовать (в какой-то степени) старшему брату — и все это одновременно. Эта история легко запоминается по целому ряду причин, в числе которых не последнее место занимают используемые Иисусом мрачные образы. Например, описание блудного сына, который был так отчаянно голоден, что готов был питаться рожками для свиней, наглядно показывает его юношескую распущенность, вызывающую невыразимое отвращение у еврейской аудитории Христа.

Еще одна деталь, которая делает эту историю незабываемой, — это то, как чутко реагирует отец на возвращение потерянного сына. Ликование отца было наполнено трепетом и состраданием. Младший сын, который высокомерно и необдуманно ушел, разрушив

Из всех притч Иисуса эта наиболее богата деталями, очень драматична и применима лично к каждому.

надежды своего отца, вернулся совершенно сломленным. Отец, убитый горем и, несомненно, глубоко раненный бунтом своего младшего сына, несмотря на все это, выразил искреннюю радость без малейшего намека на горечь, когда его своенравный сын вернулся домой, едва волоча ноги. Разве такое проявление любви может оставить равнодушным?

Однако старший сын ничуть *не* был тронут любовью своего отца. Его сильная обида на милость отца к брату резко контрастирует с ключевой темой 15-й главы Евангелия от Луки — великой радостью на небесах, вызванной возвращением заблудших. Центральное послание притчи — настоятельная и отрезвляющая просьба к жестокосердным слушателям, чье отношение точно отражает реакцию старшего брата. Притча о блудном сыне — это не теплый умилительный рассказ, а мощный призыв к пробуждению с очень серьезным предостережением.

Нельзя упустить это при чтении и толковании всеми любимой притчи. К сожалению, уроком старшего брата часто пренебрегают во многих популярных пересказах. А ведь это, в конце концов, главная причина, по которой Иисус рассказал данную историю.

ТОЛКОВАНИЕ ПРИТЧИ ИИСУСА

Важное правило при толковании любой притчи — не отходить от главного урока. Не стоит пытаться выудить скрытый смысл из каждой случайной детали текста. Этим, к сожалению, прославились средневековые богословы. Они могли часами обсуждать мельчайшие подробности каждой притчи, пытаясь найти в них детализированный, символический, духовный смысл, иногда почти совершенно упуская из виду ее суть. Такой

> Притча о блудном сыне — это не теплый умилительный рассказ, а мощный призыв к пробуждению с очень серьезным предостережением.

способ разбора текстов из Писания опасен. Но особенно легко ошибиться, когда речь идет о толковании различных устойчивых выражений в Библии. Притчи явно и намеренно образны, но их нельзя назвать *аллегориями*, в которых каждая деталь несет в себе скрытый символизм. Притча — это простая метафора или аналогия, переданная в форме рассказа. Это прежде всего *сравнение*. «Царство Небесное подобно (тому или иному)...» (см., напр., Матф. 13:31, 33, 44–45, 47, 52; 20:1; 22:2).

Слово «притча» (греч. *параболэ*) обозначает нечто, помещенное (греч. *болэ*) рядом (*пара-*) с чем-то другим с целью указать на сходство или сделать сравнение. Это распространенный литературный прием, используемый с определенным намерением: провести точную аналогию с помощью интересного словесного образа или истории. Толкователям притч всегда полезно иметь это в виду и не

> Притча — это простая метафора или аналогия, переданная в форме рассказа. Это прежде всего *сравнение*.

искать сложный символизм, многослойный смысл или заумные уроки во второстепенных деталях.

Притча о блудном сыне, будучи богата деталями, подвергалась, пожалуй, более причудливым интерпретациям, чем любая другая притча. Я видел, как комментаторы страница за страницей объясняли духовное и аллегорическое значение таких мелких деталей, как остатки еды свиней (символизирующие злые мысли, по мнению одного автора), перстень, который отец надел на палец сына (яркое, но больше нигде не встречающееся изображение тайны Троицы, если принять рассуждения другого комментатора), или обувь, надетая на ноги блудного сына («она символизирует Евангелие», — настаивает другой экзегет, опираясь на Послание к Ефесянам 6:15).

Как метод библейского толкования такая форма аллегоризма внесла больше путаницы в простой для понимания смысл Писания, чем любой другой герменевтический прием. Если вы можете свободно сказать, что *это* значит *то* и что одно является символом чего-то другого, и при этом не опираетесь ни на какие контекстуальные подсказки, но лишь верите воображению толкователя — особенно если вы готовы так поступать с толкованием различных слоев в библейских повествованиях, — в конечном итоге вы можете придумать какое угодно значение любому тексту в Библии.

Придумывание необычных или аллегорических смыслов ни при каких условиях нельзя считать правильным подходом к толкованию *какого-либо* места Писания. И даже наличие явных образов в притче не меняет правил толкования и не дает нам права на изобретение собственного смысла. Напротив, когда речь идет о символизме притчи, особенно важно помнить ее центральную мысль, придерживаться контекста и не идти на поводу у фантазии.

ГЛАВНЫЙ УРОК БЛУДНОГО СЫНА

Тем не менее притча о блудном сыне, будучи богата живописными образами, требует более глубокого и внимательного анализа, чем притча, состоящая всего из одного предложения. Эта история показывает нам необычайно реалистичную картину, наполненную тонко прорисованными деталями, которые чрезвычайно ценны для понимания ее культурного контекста. Детали даются не для того, чтобы вложить дополнительный духовный смысл, а для того, чтобы подчеркнуть сам урок, оживить его. Таким образом, толкование притчи довольно простое, если воспринимать культурные образы такими, какие они есть, и стараться прочесть эту историю через призму жизни аграрного общества первого века. В этом как раз и помогают живописные образы, представленные в притче.

Эта история занимает двадцать два стиха в центральной главе Евангелия от Луки. Благодаря эмоционально окрашенному описанию, драматизму и мелким деталям, тщательно вплетенным в эту словесную картину, кажется очевидным, что цель литературных достоинств притчи — подчеркнуть ее главный урок. От нас ожидается, что мы обратим внимание на личности героев и сюжетные повороты этой удивительной истории и поймем ее смысл.

Действительно, контекст 15-й главы Евангелия от Луки, говорящей о небесной радости по поводу человеческого покаяния, прекрасно объясняет основные особенности притчи. Блудный сын представляет собой типичного грешника, пришедшего к покаянию. Терпение, любовь, щедрость и радость отца о возвращении сына — явные и совершенные символы божественной благодати. Перемена в сердце блудного сына — это образ истинного покаяния. А равнодушие старшего брата, которое, как выяснится впоследствии, и есть главная тема этой истории, — яркое проявление того самого злого лицемерия враждебных книжников и фарисеев, которых Иисус осуждал и которым в первую очередь рассказал эту притчу (Лук. 15:2). Они сильно возмущались грешниками и мытарями, приближавшимися к Иисусу (ст. 1), и пытались прикрыть свое плотское негодование религиозным притворством. Но их отношение выдавало неверие и эгоцентризм. Притча Иисуса срывает маску их лицемерия.

Таким образом, вот главный и кульминационный урок притчи: Иисус указывает на резкий контраст между Божьей радостью от искупления грешников и непреклонной враждебностью фарисеев к этим грешникам. Держа в уме этот урок, мы можем с полным основанием извлечь из всей истории (в том виде, в котором ее раскрывает Иисус) несколько важных уроков о милости, прощении, покаянии и о Божьем отношении к грешникам. Все перечисленные темы настолько заметны в притче, что почти каждый может их распознать.

НАПОМИНАНИЕ О БОЖЬЕЙ БЛАГОДАТИ

Я всегда любил эту притчу и давно хотел написать о ней книгу. Но по мудрому Божьему провидению у меня не было возможности проповедовать по Евангелию от Луки до тех пор, пока я не закончил проповеди и не написал комментарии практически по всему остальному Новому Завету.

Оглядываясь на годы своего служения до сегодняшнего дня, я радуюсь тому, как Господь распорядился временем. Добравшись до знакомой и всеми любимой притчи после кропотливого исследования всего Нового Завета, я как никогда ценю ее тщательно выверенное послание. Когда я подхожу к этой притче, меня переполняет осознание славной простоты Евангелия, непостижимого богатства Божьей благодати, ужасающей глубины человеческой испорченности, красоты Божьего благодатного спасения и удивительной радости небес. Все это — основные темы Нового Завета. Неудивительно, что они также являются центральными темами Евангелия. И все они здесь описаны в ярких красках. Именно в этом, я полагаю, главная причина, почему Иисус уделил так много времени столь тщательному и подробному описанию этой истории.

Все это было бы достаточным основанием для серьезного исследования двадцати двух стихов, занимающих центральное место в 15-й главе Евангелия от Луки. Но есть и другая причина. Притча о блудном сыне — это зеркало для сердца и совести каждого человека.

УВИДЕТЬ СЕБЯ В ПРИТЧЕ

Неслучайно эта короткая история касается сердец многих слушателей. Мы узнаем в ней себя. Притча напоминает нам о самых неприятных сторонах человеческого бытия, и те, кто честно посмотрят на эту историю, узнают в ней себя.

Для верующих притча о блудном сыне — смиренное напоминание о том, кто мы есть и сколь многим обязаны божественной благодати.

Для тех, кто признает за собой вину, но еще не раскаивается, жизнь блудного сына — жгучее напоминание о возмездии за грех, об обязанности грешника покаяться и о Божьей благодати, которая сопровождает подлинное покаяние.

Для кающегося грешника радушное приветствие отца и его безграничная щедрость служат напоминанием о том, что милость и благодать Бога неисчерпаемы.

> Неслучайно эта короткая история касается сердец многих слушателей. Мы узнаем в ней себя.

Для беспечных неверующих (особенно таких, как книжники и фарисеи, для которых внешняя праведность служит маской, скрывающей их внутреннее нечестие) старший брат — напоминание о том, что ни внешняя религиозность, ни видимость собственной значимости не могут избавить от необходимости искупления.

Для всех нас поведение старшего брата — сильное преду-преждение, показывающее, как легко неверие может скры-ваться под маской верности.

Независимо от того, к какой из этих категорий относитесь вы, я молюсь о том, чтобы через чтение этой книги Господь коснулся вашего сердца благодатью. Если вы верующий чело-век, пусть вас согреет радость Отца о спасении погибающих. Пусть вы по-новому оцените красоту и славу Божьего плана искупления. И пусть эта книга также воодушевит вас и помо-жет вам лучше подготовиться к работе по распространению Евангелия.

Пусть читатели, которые, подобно блудному сыну, до-шли до края пропасти, решатся оставить рожки́ этого мира. И самое главное, пусть эта истина прозвучит громким при-зывом к пробуждению в сердцах тех, кому нужно осознать ужасную реальность собственного греха и славное обещание искупления во Христе.

ЧАСТЬ 1
ПРИТЧА

У некоторого человека было два сына; и сказал младший из них отцу: «Отче! Дай мне следующую [мне] часть имения». И [отец] разделил им имение.

По прошествии немногих дней младший сын, собрав все, пошел в дальнюю страну и там расточил имение свое, живя распутно. Когда же он прожил все, настал великий голод в той стране, и он начал нуждаться; и пошел, пристал к одному из жителей страны той, а тот послал его на поля свои пасти свиней; и он рад был наполнить чрево свое рожка́ми, которые ели свиньи, но никто не давал ему.

Придя же в себя, сказал: «Сколько наемников у отца моего избыточествуют хлебом, а я умираю от голода; встану, пойду к отцу моему и скажу ему: „Отче! Я согрешил против неба и пред тобою и уже недостоин называться сыном твоим; прими меня в число наемников твоих“».

Встал и пошел к отцу своему. И когда он был еще далеко, увидел его отец его и сжалился; и, побежав, пал ему на шею и целовал его.

Сын же сказал ему: «Отче! Я согрешил против неба и пред тобою и уже недостоин называться сыном твоим».

А отец сказал рабам своим: «Принесите лучшую одежду и оденьте его, и дайте перстень на руку его и обувь на ноги; и приведите откормленного теленка, и заколите; станем есть и веселиться! Ибо этот сын мой был мертв и ожил, пропадал и нашелся». И начали веселиться.

Старший же сын его был на поле; и возвращаясь, когда приблизился к дому, услышал пение и ликование; и, призвав одного из слуг, спросил: «Что это такое?»

Он сказал ему: «Брат твой пришел, и отец твой заколол откормленного теленка, потому что принял его здоровым».

Он осердился и не хотел войти. Отец же его, выйдя, звал его. Но он сказал в ответ отцу: «Вот, я столько лет служу тебе и никогда не преступал приказания твоего, но ты никогда не дал мне и козленка, чтобы мне повеселиться с друзьями моими; а когда этот сын твой, расточивший имение свое с блудницами, пришел, ты заколол для него откормленного теленка».

Он же сказал ему: «Сын мой! Ты всегда со мною, и все мое твое; а о том надобно было радоваться и веселиться, что брат твой сей был мертв и ожил, пропадал и нашелся».

Луки 15:11–32

ГЛАВА 1

САМЫЙ УДИВИТЕЛЬНЫЙ РАССКАЗ ВСЕХ ВРЕМЕН

У некоторого человека было два сына...
— Луки 15:11

Чарльз Диккенс в одном из своих знаменитых высказываний назвал притчу о блудном сыне величайшим рассказом в истории мировой литературы. Он присоединился к множеству литературных гениев, начиная от Уильяма Шекспира и заканчивая Гаррисоном Кейллором, которые восхищались этой притчей как литературным произведением.

Вне всяких сомнений, притча о блудном сыне во многих смыслах представляет собой образец подлинно великой литературы. Проникновенное обращение к эмоциям и воображению слушателей, лаконичное и продуманное изложение, сильный и личностно значимый посыл — все это, несомненно, делает притчу одним из лучших примеров повествования в истории человечества. Она — непревзойденное сочетание краткости в раскрытии персонажей и сюжета. Рассказчик производит неизгладимое впечатление на большинство слушателей, не прибегая к сентиментальным или сенсационным уловкам. Притча сосредоточена на сути, ясна, красочна и полна знакомыми образами из реальной жизни. Посыл истории настолько прост, что даже ребенку нетрудно следить за развитием сюжета, но при этом притча имеет настолько глубокий смысл, что стала предметом обширного научного изучения.

Нужно отметить, что цель написания притчи не просто литературная, и в своем первоначальном виде этот рассказ прозвучал в устной форме. Он передавался из уст в уста

> Притча о блудном сыне во многих смыслах представляет собой образец подлинно великой литературы.

и предназначался для смешанной аудитории, которую, с одной стороны, составляли мытари и грешники, искренне жаждущие услышать благую весть Иисуса, а с другой — враждебно настроенные и крайне религиозные книжники и фарисеи, которые «...роптали, говоря: „Он принимает грешников и ест с ними“» (Лук. 15:1–2). На их ропот Иисус ответил притчей о блудном сыне. Таким образом, эта история преследовала полемическую цель, представляя собой утонченное и меткое обличение религиозной элиты времен Христа.

Поэтому, несмотря на все, что можно сказать о литературной составляющей этой притчи, Иисус, рассказывая ее, вовсе не стремился поразить слушателей драматическим искусством. Напротив, если мы правильно поймем эту историю, ее *духовные уроки* оставят в наших сердцах и умах гораздо более неизгладимое впечатление, чем это может сделать любой ее литературный анализ. Поэтому очень важно точно уловить смысл притчи в ее оригинальном контексте, со всеми нюансами и смыслами, которые могла услышать аудитория Иисуса.

Если мы правильно поймем эту историю, ее духовные уроки оставят в наших сердцах и умах гораздо более неизгладимое впечатление, чем это может сделать любой ее литературный анализ.

КУЛЬТУРА И КОНТЕКСТ

Прежде всего напомним себе, что Библия — это древняя ближневосточная книга. Действия библейских повествований происходили в древних семитских цивилизациях, весьма далеких от современного западного мира. Сложные обычаи тех культур не всегда понятны для читателя XXI века, живущего в постиндустриальном обществе, укорененном в европейских традициях. Более того, несмотря на доступность средств массовой информации, обычный христианин на Западе практически не знаком как с древней, так и с современной жизнью Ближнего Востока.

Незнание этого часто пагубно влияет на понимание и применение Писания в широких протестантских кругах. Чрезвычайно легко вырвать библейскую историю из ее первоначального контекста, вписать ее в постмодернистскую систему и упустить ее целостное значение. Кроме того, одна из печальных реалий нашей культуры заключается в том, что мы склонны торопиться, даже когда читаем Библию. Мы хотим как можно быстрее найти для себя практическое применение, не прилагая при этом необходимых усилий для правильного толкования Писания.

Хуже того, стремясь придать Писанию более современный вид, толкователи Библии иногда намеренно искажают, преуменьшают или игнорируют исторический контекст. Такое поверхностное отношение к притче о блудном сыне стало слишком распространенным явлением. Это неизбежно приводит к неправильному толкованию и применению притчи и к полному упущению главной идеи, которую Иисус хотел донести. И это немаловажно.

Безусловно, *эта* история заслуживает более серьезного рассмотрения. Это самая длинная притча Иисуса именно потому, что она содержит детали, тонкости, культурные нюансы и другие особенности, которые проливают свет на ее смысл. Внимательное ее изучение приносит богатые плоды.

Следует также помнить, что смысл Писания неизменен. Библейская истина не меняется со временем и не означает что-то другое в других культурах. Сегодня этот текст означает то же, что и тогда, когда только был написан. Смысл, который Иисус хотел донести до Своих слушателей, рассказывая эту притчу, по-прежнему остается единственным верным ее значением. (Более подробное обсуждение этого вопроса см. в приложении.)

> Смысл, который Иисус хотел донести до Своих слушателей, рассказывая эту притчу, по-прежнему остается единственным верным ее значением.

Поэтому, если мы хотим извлечь из этой притчи то, чему Бог желает нас научить и что Он намеревался открыть для нашего назидания, мы должны постараться услышать ее так, как ее слышала первоначальная аудитория Иисуса.

Когда Христос говорил, «...множество народа слушало Его с услаждением» (Марк. 12:37) — в том числе потому, что Он говорил на понятном для людей языке. Его проповедь находила отклик в их культуре. Он жил и служил среди ближневосточных крестьян, что отражено в контексте евангельских повествований. Даже самые образованные люди времен Иисуса были знакомы с контекстом аграрной деревенской жизни, поскольку нравы и обычаи, управлявшие обществом, на протяжении многих поколений впитывались в сознание простых людей. (Некоторые черты этой культуры и ее социальная структура сохраняются и сегодня в деревнях Ближнего Востока.) Эти обычаи определяли их образ жизни, мышление, а значит, и эмоциональный отклик на притчу о блудном сыне.

Например, рассказывая эту историю, Иисус не утверждал прямо, что отец был богатым человеком, но (как мы увидим в ходе изучения текста) Он включил в повествование достаточно, как кажется, случайных деталей, которые делают материальное положение героя очевидным. Тот факт, что у отца в распоряжении были слуги и откормленный теленок, не мог ускользнуть ни от одного слушателя в той культуре. Слушателям не понадобились обширные объяснения, чтобы сразу же представить себе важного вельможу. Более того, их представление о состоятельном человеке непременно порождало определенные ожидания в отношении того, как он должен был реагировать на те или иные события или

вести себя в тех или иных ситуациях. Для понимания под-
текста притчи важно учесть, что отец, о котором идет речь
в этой истории, разрушил все стереотипы, которые обычно
ассоциировались в той культуре с таким важным человеком.
Мы обратим внимание на эти черты поведения отца по мере
того, как будем разбирать притчу. Однако следует помнить,
что для первоначальной аудитории Иисуса все эти детали
были очевидными, само собой разумеющимися.

Деревенская жизнь была настолько глубоко укоренена
в обществе и настолько отчетливо осознавалась всеми людьми,
что обычаи, отраженные в библейских повествованиях, как
правило, не нуждались в объяснении. Не было необходимости излагать и без того широко известные мнения и оценки.
Давно устоявшиеся общественные традиции не требовали
комментариев. Тем не менее эти не высказанные напрямую,
но всем понятные в той культуре детали придавали особую
выразительность и смысл историям Иисуса.

Поэтому, чтобы понять значение Его послания, нам нужно
поставить себя (насколько это возможно) на место простых
людей, живших во времена Христа. Кроме того, мы должны
иметь некоторое представление об укоренившихся культурных
нормах, ритуалах и привычках, оставшихся от религиозного
наследия, различных социальных и национальных традициях, а также об особенностях патриархального общества,
в котором люди по-прежнему придавали огромное значение
стабильности и устойчивости семейного клана.

Это не какие-то второстепенные или случайные детали.
Культурный контекст — это то, что придает притче о блудном
сыне живость и позволяет нам погрузиться в повествование.
Чтобы понять подлинный смысл и духовное значение всем

известной истории, мы должны перенестись в прошлое — в те места и времена, в которых происходили события притчи. Пока мы не начнем понимать идеалы и взгляды, формировавшие ту культуру, мы не сможем в полной мере постичь центральный урок притчи.

> Пока мы не начнем понимать идеалы и взгляды, формировавшие ту культуру, мы не сможем в полной мере постичь центральный урок притчи.

ИСТОРИЧЕСКИЙ ФОН И ОБСТАНОВКА

Лука записал больше притч, чем любой другой автор Евангелий. Целый ряд самых длинных, наиболее важных, детальных и поучительных притч Иисуса мы находим только у него: притчу о добром самарянине (10:29–37), настойчивом друге (11:5–8), богатом глупце (12:13–21), богаче и Лазаре (16:19–31), а также притчу о фарисее и мытаре (18:9–14). Большинство этих уникальных притч связаны с темами молитвы, покаяния, прощения, оправдания и божественной благодати. Притча о блудном сыне — это *magnum opus*, она занимает центральное место среди уникальных притч, записанных Лукой, в ней сплетаются воедино все эти ключевые темы.

Прежде чем мы перейдем собственно к разбору притчи, давайте посмотрим, какое место она занимает в служении Иисуса и как вписывается в общий ход евангельского повествования. К этому моменту Иисус почти три года несет служение, проповедуя Царство Небесное и призывая людей войти в Царство через покаяние и веру в Него (Лук. 10:9; 12:31; 18:17).

В последние месяцы Своей земной жизни Иисус находится на пути в Иерусалим. Он предопределён принести Себя в качестве совершенной Божьей жертвы за грех, умереть на кресте и затем воскреснуть из мёртвых, совершив тем самым дело искупления грешников. Описывая последние месяцы жизни Иисуса, Лука представляет Христа сосредоточенным исключительно на этой цели и её достижении. Это становится главной темой второй половины Евангелия от Луки, и переход к ней обозначен в Луки 9:51: «...Он восхотел идти в Иерусалим...»

Теперь Евангелие от Луки приобретает иную интонацию. Лука неоднократно отмечает, что последний этап служения Иисуса неразрывно связан с Его твёрдым намерением идти в Иерусалим (9:53; 13:22) — даже тогда, когда Он покидает Иудею и снова направляется в сторону Галилеи (ср. 17:11). Иерусалим становится центром всего земного служения Христа. Лука был очень внимательным историком и писателем, хорошо знал географию Святой земли, поэтому не мог ошибиться в отношении того, в каком направлении Иисусу надо было идти, чтобы добраться до Иерусалима. Следовательно, он описывал не географическое, а духовное развитие служения Иисуса, по мере того как Его учение и всё более напряжённые отношения с фарисеями приближали Его к истинной цели — ко кресту.

Драматизм, эмоции и темп повествования Луки неумолимо нарастают с конца 9-й главы и до торжественного входа в Иерусалим (19:28 и далее). Тон задаёт искреннее ожидание Иисуса, выраженное в Евангелии от Луки 12:49–50:

«Огонь пришел Я низвести на землю, и как желал бы, чтобы он уже возгорелся! Крещением должен Я креститься; и как Я томлюсь, пока сие совершится!» Все, что делает и говорит Христос во второй половине Евангелия от Луки, направляет повествование ко кресту.

Притча о блудном сыне не исключение из этого правила. Главные в ней темы о прощении и божественной благодати отражают то, что наполняло ум и сердце Иисуса. Однако еще важнее то, что урок притчи подверг книжников и фарисеев очередному публичному позору, что в конечном итоге и подтолкнуло их к тому, чтобы раз и навсегда расправиться с Христом. Согласно Евангелию от Луки 11:54, они уже «...[подыскивались] под Него и [старались] уловить что-нибудь из уст Его, чтобы обвинить Его». Хотя эта притча не предоставила им удобной возможности, она, несомненно, укрепила их мотивацию и решимость убить Иисуса.

КНИЖНИКИ И ФАРИСЕИ

К 15-й главе Евангелия от Луки книжники и фарисеи уже неустанно искали повод — *любой* повод — для обвинения Христа, и именно поэтому они появились в центре событий одними из первых. Они шли за Ним по пятам и внимательно прислушивались к каждому Его слову. Но книжники и фарисеи слушали Христа не «ушами веры» и следовали за Ним не потому, что восхищались Им. Напротив, они преследовали Иисуса, поскольку отчаянно искали способ обвинить Его или, что еще лучше, повод Его убить.

Книжники и фарисеи были главными распространителями иудаизма того времени. Они пользовались огромным влиянием прежде всего в синагогах, в которых по субботам проводились собрания иудеев. *Книжники* были профессиональными переписчиками, редакторами и толкователями Закона, а также основными хранителями различных традиций, определявших порядок его применения. Большинство книжников сами были фарисеями по убеждениям (хотя некоторые из них принадлежали к конкурирующей секте, известной как саддукеи).

Фарисеи были *законниками* и считали, что добиться одобрения Бога можно только собственными заслугами. А лучший способ заслужить расположение в глазах Бога, по их мнению, заключался в тщательном соблюдении Закона. Их подход к религии, естественно, порождал самодовольство (Рим. 10:3–4), а также открытое презрение к тем, кто не соответствовал их требованиям (Лук. 18:9).

Но фарисеи были еще и *лицемерны*. Они возлагали надежды главным образом на внешние и относительно незначительные черты Закона, видимо, полагая, что чем больше будут подчеркивать его тонкости, тем более духовными покажутся людям. Именно поэтому они были одержимы обрядовыми требованиями Закона.

Они ценили публичную демонстрацию религии больше, чем личную посвященность и праведность. Например, они с большим удовольствием пересчитывали мелкие семена, чтобы отдавать десятину (Матф. 23:23). Но пренебрегали более важными вопросами Закона, не обращая особого внимания на такие моральные требования и нравственные ценности, как суд, милость и вера (Матф. 23:23). Иисус сказал, что они внутренне испорчены: «Горе вам, книжники и фарисеи, лицемеры, что уподобляетесь окрашенным гробам, которые снаружи кажутся красивыми, а внутри полны костей мертвых и всякой нечистоты; так и вы по наружности кажетесь людям праведными, а внутри исполнены лицемерия и беззакония» (ст. 27–28).

ПУБЛИЧНЫЙ АНТАГОНИЗМ

Неудивительно, что книжники и фарисеи враждовали с Иисусом, и их враждебность возрастала по мере того, как они слышали Его учение. Поскольку доктрины Христа противоречили многим идеям, которые они подчеркивали в своих учениях, любой рост влияния Иисуса означал соответствующий упадок влияния книжников и фарисеев. Кроме того, главные книжники и фарисеи (вместе с лидерами саддукеев) заключили перемирие с римской системой, что позволило их объединенному правящему органу, известному как синедрион, сохранить некое подобие власти над Израилем в духовных и религиозных вопросах, несмотря на то, что политические бразды правления принадлежали Риму. Поэтому они опасались, как бы приход Иисуса в качестве Мессии Израиля не отразился на их влиянии в духовной сфере. «Тогда первосвященники и фарисеи собрали совет и говорили: „Что нам делать? Этот Человек много чудес творит. Если оставим Его так, то все уверуют в Него, и придут римляне и овладеют и местом нашим, и народом“» (Иоан. 11:47–48).

Но не стоит думать, что недовольство книжников и фарисеев было вызвано лишь прагматическими соображениями о политических последствиях учения Иисуса. Их ненависть к Нему носила и сугубо личный характер, главным образом из-за того, что Он постоянно ставил их в неловкое положение, разоблачая их лицемерие на публике. Христос отказывался проявлять фальшивое уважение к их фальшивой праведности; Он называл ее показной (Матф. 23:5). При каждой возможности Он подчеркивал, что притворная религиозность фарисеев на самом деле была не более чем нечестивым неверием, и строго предупреждал людей не следовать их примеру (ст. 3).

Книжники и фарисеи считали себя выдающимися учеными, но Иисус многократно порицал их за невежество и непонимание Писания, задавая им вопрос: «Разве вы не читали?..» (см., напр., Матф. 12:3, 5; 19:4; 22:31; Марк. 12:10). Вся их сущность была связана с религией, но Христос прямо говорил им, что они не знают Бога (Иоан. 8:47). Более того, Он называл их потомками дьявола (ст. 44). Он заявлял, что они не знают истинного пути спасения (Иоан. 10:26–27), сравнивал их со змеями и предупреждал, что они находятся на пути в геенну огненную (Матф. 23:33).

Безусловно, Иисус говорил все это книжникам и фарисеям с глубокой скорбью и искренним состраданием (Лук. 19:41–44), но тем не менее говорил прямо. Он не приглашал фарисеев к дискуссии. Он не искал с ними общего языка и не хвалил за те положения их учения, которые, возможно, уже были правильными. Он не призывал их стать Его соратниками

> Иисус провел самую четкую и ясную границу между Своим Евангелием и самоправедностью фарисеев. Он приглашал всех желающих уверовать в Него и тем самым обрести искупление.

в кампании против моральных пороков того времени. Напротив, Иисус провел самую четкую и ясную границу между Своим Евангелием и самоправедностью фарисеев. Он приглашал всех желающих уверовать в Него и тем самым обрести искупление — в том числе тех, кого фарисейская система унижала, отвергала и на всю жизнь делала безнадежными изгоями.

ТОЧКА НЕВОЗВРАТА

Большинство фарисеев возненавидели Иисуса за это. Отчаявшись дискредитировать Его и желая убедить людей в том, что Он не истинный Мессия (несмотря на множество доказательств обратного, которыми служили Его чудеса), фарисеи публично заявляли, что Иисус находится под властью самого дьявола. Они утверждали: «Он изгоняет бесов не иначе, как силою веельзевула, князя бесовского» (Матф. 12:24; ср. Лук. 11:15).

Именно тогда презрение фарисеев к Иисусу достигло точки невозврата. Иисус в ответ на обвинение в том, что Его чудеса были бесовскими, показал неразумность этого аргумента: «...если же и сатана разделится сам в себе, то как устоит царство его?» (Лук. 11:18). Затем с еще большим осуждением Он предупредил о «хуле на Духа» (Матф. 12:31) и назвал ее единственным грехом, который никогда не простится человеку.

Этот отрывок Писания не так просто истолковать, но, как всегда, контекст помогает прояснить смысл. Иисус сказал: «...если же кто скажет на Духа Святого, не простится ему ни в сем веке, ни в будущем» (Матф. 12:32). Он не говорил о грехе, который можно совершить по незнанию или неосторожности. Определенный артикль в стихе 31 (англ. *the blasphemy against the Holy Spirit* — «хула на Духа»), сразу же вслед за утверждением в стихе 28: «...Я Духом Божиим изгоняю бесов...», явно относится к заведомо ложному обвинению фарисеев. Их наглая ложь об источнике чудес Иисуса стала грубейшим оскорблением Духа Божьего, Который был истинным источником чудес Христа.

Хула на Духа Святого — грех, за который нельзя было получить прощения. И опять-таки непростительным он был не потому, что Божьей благодати недостаточно, а потому, что приписывание чудес Иисуса сатане было настолько вопиющей, преднамеренной и злой ложью, что, если бы сердца фарисеев не были уже окончательно и непоправимо ожесточены, они никогда не смогли бы такого сказать.

Задолго до этого случая фарисеи отвергли многочисленные призывы Христа к покаянию (Матф. 4:17; Лук. 5:32; 13:5). Они пренебрегли всеми возможными предупреждениями Иисуса. Также они неоднократно своими глазами видели Его чудеса — несомненные сверхъестественные чудеса, а не фокусы. Фарисеи не оспаривали, происходят ли на самом деле исцеления. Знамения, которые совершал Иисус, не могли быть опровергнуты. Таким образом, у фарисеев было достаточно доказательств подлинности чудес Христа. Они также удивлялись силе, ясности и власти, с которой Иисус проповедовал (Марк. 1:22; Лук. 4:36). Конечно, фарисеи *на самом деле* не думали, что чудеса Иисуса исходили от сатаны, но их упрямство было неопровержимым доказательством того, насколько злыми были их сердца и мотивы.

Они решительно стояли на этой лжи, стараясь найти любые способы поддержать ее и сделать более правдоподобной.

Фарисеи пытались опозорить Иисуса за то, что Он не следовал неким человеческим традициям, которые они считали признаком истинного благочестия (Лук. 11:37–39). Они публично и безжалостно допрашивали Христа по всем аспектам Его учения, стараясь найти способы обвинить Его (ст. 53–54).

Фарисеи пытались запугать Иисуса и закрыть Ему доступ в общественные места, распуская слухи о том, что Ирод угрожал Его жизни (13:31). Они также неоднократно критиковали Христа за то, что Он исцелял в субботу (13:14; 14:3). При этом фарисеи считали *себя* истинными представителями Бога, Которого, по их словам, они знали лучше, чем кто-либо другой.

МЫТАРИ И ГРЕШНИКИ

Одним из основных способов, которыми книжники и фарисеи подкрепляли свое неприятие Иисуса, было обвинение Его в том, с кем Он общался. В 14-й главе Евангелия от Луки Иисус разворачивает серию мощных предупреждений и наставлений, вызванных назойливым стремлением фарисеев выставить Его в унизительном свете. Он завершает Свою речь ободрением тех, кто (в отличие от фарисеев) был действительно открыт для духовного наставления: «Кто имеет уши слышать, да слышит!» (14:35).

Тогда, как говорит Лука: «Приближались к Нему все мытари и грешники *слушать Его*[1]. Фарисеи же и книжники роптали, говоря: „Он принимает грешников и ест с ними“» (Лук. 15:1–2). Фарисеи, конечно, в любом случае возмущались

---

[1] Здесь и далее курсив в цитатах из Библии принадлежит автору. — Прим. ред.

бы тем, что Иисус принимает изгоев общества, но на этот раз их неприятие стало еще более ожесточенным из-за смелости, с которой Иисус неоднократно разоблачал их лицемерную натуру и осуждал их. Фарисеи, несомненно, думали, что это прекрасная возможность поставить *Христа* в неловкое положение. Если такова была их стратегия, то они глубоко заблуждались.

Друг грешников

Примечательно, что Иисус не ограничивал Себя узким кругом духовных людей и не избегал общения с грешниками и низшими слоями общества. Когда к Нему приходили простые люди, изгои и даже отъявленные грешники, Он всегда принимал их.

Особое возмущение было вызвано тем, что Иисус общался с такими мытарями, как Закхей (Лук. 19:1–9) и Матфей (Матф. 19:9). Каждый израильтянин считал оккупацию своей земли Римом мерзостью, и один из главных религиозных споров того времени разгорелся вокруг вопроса о том, имеет ли Рим право собирать налоги (и особенно о том, обязаны ли израильтяне платить эти налоги; Матф. 22:15–22). Любой иудей, который соглашался на работу по сбору налогов с сограждан, считался предателем своей страны, своей религии и своего народа.

Кроме того, поскольку сборщики налогов имели право устанавливать таксу по своему усмотрению, они могли разбогатеть, собирая дополнительную плату, которую не нужно было передавать римским властям. Поэтому сборщики налогов были печально известны своей коррумпированностью и всеобщим неодобрением. Они были самыми настоящими изгоями, считались худшими из грешников. Поэтому Иисус потряс все общество и возмутил религиозных лидеров, когда протянул руку таким людям.

Более того, Иисус не просто неформально общался с ними на расстоянии в публичных местах, где Он учил, а они приходили Его послушать; Он *ел* с ними. Иисус сидел за их столами, а они — за Его столом. В культуре того времени общение за одним столом было привилегией только друзей, семьи и начальства. Уважающие себя люди не ели вместе с отъявленными грешниками. Совместная трапеза считалась равносильной одобрению и принятию.

Поэтому для религиозной элиты той эпохи, и без того раздраженной тем, что Иисус не оказал им того общественного почтения, которого они жаждали, это выглядело как идеальное обвинение, с помощью которого они могли бы окончательно поставить Его в неловкое положение. Они словно бы хотели сказать: «Он не ограничивает Свое общение и социальную активность только Божьими людьми; Ему вполне комфортно и с людьми дьявола. Он постоянно общается с мытарями, блудницами и изгоями. Вот железное доказательство того, что Он от сатаны: Он *друг* грешников» (ср. Матф. 11:19; Лук. 7:34).

Именно этот случай послужил поводом для трилогии притч, рассказанных Христом в 15-й главе Евангелия от Луки. Фарисеи, казалось, были уверены, что теперь они занимают высшую ступень нравственности. *Они* никогда бы не стали общаться с теми людьми, с которыми ел Иисус. Они держались в стороне от подобных людей, потому что считали, что таким образом защищают собственную мнимую чистоту.

Миссия по искуплению грешников

Возражение, которое они выдвинули против Христа, было отголоском вопроса, который они задали ученикам Иисуса еще раньше: «Зачем вы едите и пьете с мытарями и грешниками?» (Лук. 5:30). Ответ Иисуса должен был решить этот вопрос и устыдить фарисеев за их нечестивое поведение. Христос ни в коем случае не участвовал в чьих-либо грехах, Он просто служил самым нуждающимся грешникам. «Иисус же сказал им в ответ: „Не здоровые имеют нужду во враче, но больные; Я пришел призвать не праведников, а грешников к покаянию“» (ст. 31–32).

> Христос ни в коем случае не участвовал в чьих-либо грехах, Он просто служил самым нуждающимся грешникам.

Последняя фраза подчеркивает цель всего публичного учительского служения Иисуса, и Он будет возвращаться к этой теме снова и снова, особенно в Своих конфликтах с фарисеями: Он выполнял миссию по искуплению грешников. Начало публичных противоречий между Иисусом и фарисеями связано именно с тем столкновением в 5-й главе Евангелия от Луки. Ближе к концу Своего служения, перед торжественным входом в Иерусалим (событие, которое, казалось бы, должно было стать кульминацией враждебности фарисеев), Иисус снова сказал практически то же самое: «...ибо Сын Человеческий пришел взыскать и спасти погибшее» (Лук. 19:10). Эта простая истина стала Его ответом фарисеям и в этом случае, в 15-й главе Евангелия от Луки. Только на этот раз Он ответил им притчами.

ТРИ ПРИТЧИ СО СХОЖЕЙ ТЕМОЙ

Возмущение по поводу того, что Иисус принимает грешников на столь позднем этапе Своего служения, ясно показывает, насколько фарисеи были далеки от истины. Три притчи, которые Иисус рассказал в ответ на это, были умело продуманы для того, чтобы проиллюстрировать порочную необоснованность позиции фарисеев и еще раз разоблачить их лицемерие.

> Три притчи, которые Иисус рассказал в ответ на это, были умело продуманы для того, чтобы проиллюстрировать порочную необоснованность позиции фарисеев и еще раз разоблачить их лицемерие.

Несмотря на то, что ответ Иисуса был многоуровневым и довольно длинным, его суть тем не менее поражает своей простотой. Почему Он ел с грешниками? Потому что Небесному Отцу угодно спасать заблудших грешников! Первые две притчи кратки и несложны для понимания, и мы рассмотрим их подробнее в следующей главе. Обе притчи посвящены обретению потерянного. Обе показывают, на что готовы пойти люди, чтобы отыскать ценности, которые потеряли. И главный урок обеих притч — это искренняя радость, которую мы все испытываем, находя потерянное.

Разумеется, цель состояла в том, чтобы показать, что возмущение фарисеев из-за Иисуса было *противоестественным* и искаженным, гротескным и извращенным. Их публичная демонстрация негодования против Иисуса была неопровержимым доказательством того, что их собственные сердца были безнадежно испорчены, и они не имели ни малейшего представления о том, что угодно Богу.

Но именно третья притча — о блудном сыне — наиболее ярко передает эту мысль. В первых двух притчах изображена великая радость на небесах за раскаявшихся грешников. История о блудном сыне тоже иллюстрирует эту небесную радость, но иным способом — путем контраста между, с одной стороны, радостью отца и, с другой, адским недовольством старшего брата по поводу возвращения младшего.

В трогательной и прекрасной истории Иисус разоблачает все это моральное уродство. Это, без сомнения, лучший пятиминутный рассказ в истории мировой литературы!

ГЛАВА 2
ШИРОКИЙ ОБЗОР

Фарисеи же и книжники роптали, говоря:
„Он принимает грешников и ест с ними“.
Но Он сказал им следующую притчу...
— Луки 15:2–3

В этой главе мы познакомимся отдельно с каждым персонажем притчи о блудном сыне и, тщательно изучив каждую из ролей, столь искусно проработанных Иисусом, постараемся как можно глубже понять смысл развернувшейся мини-драмы. Но прежде, в качестве вступления к этой части нашего исследования, давайте сделаем широкий обзор истории и ее контекста, чтобы с самого начала сформировать правильный взгляд на притчу.

Начнем с ответа на вопрос, что же означает эта история. Какова ее главная идея, на какой мысли Иисус делает основной акцент? Кто-то из читателей может подумать, что такой подход к анализу литературного произведения (когда мы сразу переходим к определению основной идеи) неправильный, однако это хороший подход, когда мы имеем дело с притчами, поскольку, как мы уже отмечали во введении, крайне важно не упускать из виду основную идею, когда мы приступаем к чтению и толкованию притчи.

Кроме того, основные подсказки для понимания притчи мы находим в первых стихах 15-й главы, так что, если мы просто последуем тексту библейского повествования, это будет лучшим и самым логичным началом. Более подробный анализ в дальнейших главах прояснит структуру и нюансы притчи со всеми их сложностями и деталями. При этом основной смысл, несомненно, сохранится, и нам легче будет следовать основной линии повествования, если мы с самого начала будем держать главную идею в поле зрения и не станем уклоняться от нее при более глубоком погружении в детали истории.

ОСНОВНАЯ МЫСЛЬ: РАДОСТЬ В НЕБЕСАХ

Как мы уже заметили в предыдущей главе, центральный урок в притче о блудном сыне совершенно четко выделяется в контексте отрывка, непосредственно предшествующего притче и включающего ее. На протяжении всей 15-й главы Евангелия от Луки Христос описывает и иллюстрирует радость, наполняющую небеса при покаянии грешников.

> На протяжении всей 15-й главы Евангелия от Луки Христос описывает и иллюстрирует радость, наполняющую небеса при покаянии грешников.

Этот единственный центральный урок связывает воедино всю 15-ю главу Евангелия от Луки.

Давайте напомним себе, что очень важно увидеть эту притчу глазами человека, который жил в культуре иудаизма первого века. Для иудеев мысль о том, что Бог может свободно принимать и прощать раскаявшихся грешников (в том числе и самых страшных), была шокирующей и революционной. Именно поэтому быстрое принятие Христом подобных людей в Свою общину вызывало такое публичное возмущение. Почти никто в том обществе не мог представить себе, чтобы Бог протягивал руку помощи грешникам. Большинство считало, что Его единственное отношение к таким людям — это суровое неодобрение, и поэтому раскаявшийся грешник должен упорно трудиться, чтобы искупить свою вину, и делать все возможное (в основном через соблюдение закона), чтобы заслужить хоть какую-то степень Божьей благосклонности.

В нашей культуре, как правило, наблюдается обратная тенденция. Слишком много людей сегодня воспринимают Божье прощение как нечто само собой разумеющееся. Они считают, что Он настолько безразличен к греху, что такие понятия, как искупление и гнев Божий, являются грубыми и устаревшими.

Обе точки зрения серьезно ошибочны. Бог гневается на грех (Пс. 7:12), и Он накажет делающих зло с особой строгостью (Ис. 13:9–13). Писание ясно говорит об этом, и мы игнорируем эту истину на свой страх и риск. Но в то же время Бог «...щедрый и благосердый, долготерпеливый и многомилостивый и истинный...» (Пс. 85:15). Он охотно прощает и любит милосердие (Исх. 34:6–7; Мих. 7:18). Еще важнее то, что Его прощение не зависит от наших заслуг. Он оправдывает полностью и безвозмездно благодаря тому, что Христос сделал для грешников. В течение всей

Своей земной жизни Христос исполнил всякую правду (Матф. 3:15; 1 Пет. 2:22; Евр. 7:26), а затем умер за тех, кого должен был искупить (1 Кор. 15:3; 1 Иоан. 2:2). Поскольку праведность Христа совершенна и вменяется верующему грешнику (2 Кор. 5:21), каждый раскаявшийся грешник сразу же становится совершенным перед Богом, обретает полный мир с Ним и избавляется от страха перед будущим судом — и все это с самого первого мгновения веры (Рим. 3:25–28; 5:1; 8:1). Библейский и богословский термин, используемый для описания этого феномена, — *оправдание*. Бог оправдывает нечестивцев исключительно их верой (Рим. 4:5).

Поэтому, не теряя из виду реальность божественного гнева против греха, мы можем праздновать (вместе с Самим Богом) свободу божественной благодати, полное прощение и принятие грешника в самом тронном зале небес. Все земное служение Христа было живым воплощением этой истины, и оно шло вразрез со всем, что отстаивали фарисеи.

Притча о блудном сыне — это кульминация в ответе Иисуса фарисеям, озлобленным и критикующим Его за то, что Он принимал грешников и ел с ними. С точки зрения фарисеев, Иисус *общался* с нечестивцами, и это было достаточной причиной для того, чтобы праведные люди сторонились Его. Конечно, это обвинение (как и многое в учении фарисеев) было опасной, смертоносной, демонической ложью.

Но, как и большинство лжи, она содержала в себе достаточно правды, чтобы быть правдоподобной на поверхностном уровне. Действительно, Иисус был готов общаться с грешниками. Он постоянно сочувствовал грешным людям и понимал их, даже когда разоблачал лицемерие фарисеев. Говоря словами самих фарисеев (без того зловещего оттенка, который они придавали им), Иисус *действительно* был «другом мытарям и грешникам» (Лук. 7:34).

Всего через несколько глав после притчи о блудном сыне Лука рассказывает о Закхее, сборщике налогов и отъявленном грешнике (Закхей сам признался, что использовал свое положение, чтобы обманывать людей; см. Лук. 19:8). Один из поразительных фактов этого рассказа заключается в том, что Иисус решил остановиться в доме Закхея в Иерихоне, причем сделал это на виду у всех, когда на улицах толпились паломники, направлявшиеся на Пасху (Лук. 19:5). Любой человек в приличном обществе пришел бы в ужас от мысли, что такой раввин, как Иисус, духовный учитель, не откажется от гостеприимства такого грешного человека, как Закхей, и тем более будет *искать* с ним духовного родства.

Но здесь необходимо сделать важное замечание: Иисус не общался и не искал общения с грешниками *в их грехе*. Библия описывает Его как «святого, непричастного злу, непорочного, *отделенного* от грешников» (Евр. 7:26). Его обращения к грешникам всегда были связаны с желанием спасти их, предложить им Свою благодать и милость и простить их. Он исцелял их, очищал и освобождал из темницы вины и деградации. Да, конечно, Иисус общался с грешниками, но всегда как их освободитель. Он был другом грешников — самым настоящим другом. Он служил им, протягивал им руку помощи и спасал их жизни. Иисус не одобрял их грех. Совсем наоборот: Он отдал всего Себя за них, чтобы искупить их из жестокого рабства греха.

Как мы уже видели, фарисеев это глубоко возмущало, потому что они изо всех сил старались прикрыть собственный грех показной религиозностью. Они были убеждены в своем

> Иисус не одобрял их грех. Совсем наоборот: Он отдал всего Себя за них, чтобы искупить их из жестокого рабства греха.

моральном превосходстве. Но Иисус упорно отказывался признавать или верить в это притворство. Он *всегда* относился гораздо более положительно к изгоям общества, чем к напыщенным религиозным лидерам. Более того, Он постоянно настаивал на том, что религиозные лидеры сами должны признать свою греховность и нужду в Спасителе. Вот почему, даже когда такой религиозный деятель, как Никодим, обратился к Нему с дружеским жестом, Его ответ был таков: «Должно вам родиться свыше» (Иоан. 3:7).

История Никодима тоже была необычной. Он был фарисеем (ст. 1), но имел нехарактерно смиренное, ищущее сердце. Тем не менее ответ Иисуса прозвучал резко и прямолинейно, подчеркивая, что Никодиму необходимо полное возрождение — не просто духовное обновление, а радикальное изменение. Это было напоминание о том, что фарисеи не меньшие грешники, чем те, кого они пренебрежительно *называли* грешниками, — блудницы, мытари, воры и другие изгои.

Таков был ответ Иисуса тому редкому фарисею, чье сердце было открыто. Напротив, Его ответы тем, кто был убежден в своей праведности, можно было вполне считать категорическим отказом. Снова и снова Он лишал фарисеев их превосходства такими словами, как: «Не здоровые имеют нужду во враче, но больные; Я пришел призвать не праведников, а грешников к покаянию» (Лук. 5:31–32).

Вот почему фарисеи изо всех сил старались представить общение Иисуса с грешниками как нечто неприличное или непристойное — как будто Он Сам причастен к греху. Слова Иисуса свидетельствуют нам о том, как фарисеи отзывались о Нем: «...и говорите: „Вот человек, который любит есть и пить вино, друг мытарям и грешникам"» (Лук. 7:34). Они полностью (и намеренно) исказили информацию об участии Иисуса в жизни грешников.

Тем временем все больше грешников становились учениками Иисуса. Среди них были такие люди, как Матфей, бывший сборщик налогов, и Симон, обращенный разбойник и зилот. Все ученики, наиболее близкие к Иисусу, раньше были рыбаками, рабочими людьми, а не религиозными учеными. По собственному свидетельству Петра, он был настолько грешным, что не был достоин находиться в присутствии Господа (Лук. 5:8). У Марии Магдалины было достаточно темное прошлое, в том числе она страдала одержимостью семью бесами (Лук. 8:2). Итак, служение Иисуса было направлено на людей, которых принято считать сбродом и изгоями.

> Иисус действительно был их Другом. В этом фарисеи не ошибались.

Иисус действительно был их Другом. В *этом* фарисеи не ошибались.

НЕДОВОЛЬСТВО ФАРИСЕЕВ: ИИСУС ПРИНИМАЕТ ГРЕШНИКОВ

Как мы уже видели в первой главе, этот вопрос стал главной и повторяющейся темой в конфликтах Иисуса с фарисеями. Это была одна из немногих претензий, которые они постоянно выдвигали против Него, пока их возражения относительно Его служения не превратились в предсказуемый многократный повтор: «Он нарушает субботу» (Лук. 6:2, 6–11; 13:14; 14:3–6); «Он славит Самого Себя» (Иоан. 5:18; 8:54–58; 10:30–33); и «Он общается с ничтожествами» (Матф. 9:10–11; 11:19).

Последняя часть этого приговора и послужила поводом для длинной беседы, которая начинается с трех притч из 15-й главы Евангелия от Луки. Обратите внимание, что Лука говорит: «Приближались к Нему все мытари и грешники слушать Его» (Лук. 15:1). Они пришли по собственному желанию. Более того, их привлекло именно *учение* Иисуса. Они хотели услышать этого удивительного Человека, Который утверждал (и чудесным образом демонстрировал), что у Него есть сила и власть прощать грехи (Лук. 5:21–24; 7:48). Евангельская весть с ее обещанием новой жизни, полного прощения и духовного очищения привлекала к Иисусу тех, кто был сыт по горло грехом.

Несомненно, Иисуса постоянно окружал удивительный дух радости. Но это было не то праздничное настроение, которое описывали фарисеи. Это была чистая небесная радость о спасении. Искреннее ликование освобожденных пленников — мужчин и женщин, которые раньше жили как жалкие рабы, приговоренные к духовной смерти, а теперь обрели славную свободу и вечную жизнь. Это была постоянная, невыразимая, глубокая радость, которая выходит за пределы неба и земли, охватывает время и вечность. Это было совсем не похоже на унылую, скучную и притворную формальную религиозность.

Религиозным властителям это не нравилось. В Евангелии от Луки 15:2 сказано: «Фарисеи же и книжники *роптали,* говоря: „Он принимает грешников и ест с ними“». Греческий глагол звучит очень выразительно и означает, что они яро и настойчиво жаловались — несомненно, тайно распространяя свои горькие жалобы и сплетни среди людей.

ВЛИЯНИЕ КНИЖНИКОВ И ФАРИСЕЕВ

Многие свидетельства в Евангелиях говорят о том, что постоянное противодействие и жалобы книжников и фарисеев действительно отвратили многих людей от следования за Иисусом. После одного публичного поединка с фарисеями, как сказано в Евангелии от Иоанна 6:66: «С этого времени многие из учеников Его отошли от Него и уже не ходили с Ним».

Фарисеям также почти удалось спровоцировать публичное избиение Христа камнями в Евангелии от Иоанна 8:59. По сути, возбуждая толпу против Христа, они отвращали людей от Царства Божьего, закрывали дверь, и закрывали ее для всех, и Иисус прямо осудил их за это. В Евангелии от Матфея 23:13 Он произнес над ними такое проклятие: «Горе вам, книжники и фарисеи, лицемеры, что затворяете Царство Небесное человекам, ибо сами не вхо́дите и хотя́щих войти не допускаете» (ср. Лук. 11:52).

Легко понять, почему люди в той культуре испытывали серьезное внутреннее противоречие, когда слышали о противостоянии фарисеев. Ведь их с детства учили считать книжников и фарисеев своими главными духовными наставниками и ведущими религиозными экспертами нации. Поэтому открытая ненависть фарисеев к Христу распространялась, как раковая опухоль. И чем больше учение Иисуса затрагивало сложные или спорные темы, тем больше людей становились либо враждебными, либо безразличными к Нему.

> Чем больше учение Иисуса затрагивало сложные или спорные темы, тем больше людей становились либо враждебными, либо безразличными к Нему.

Евангелие от Иоанна 6 показывает, как и почему подавляющее большинство людей в конце концов отвернулись от Христа, а многие даже решительно ополчились против Него. Люди шли за Ним, пока Он кормил их и творил другие чудеса, но им не нравилось Его строгое учение. Евангелие от Луки 14:26–35, отрывок, непосредственно предшествующий Луки 15, содержит некоторые из самых сильных учений Иисуса. В нем говорится об отречении от себя, ненависти к отцу и матери и понимании, чего стоит быть учеником Христа.

Ирония в том, что именно тогда, когда самодовольные, уважаемые, материалистичные люди начали отдаляться от Иисуса из-за такого учения, к Нему, по словам Луки, приблизились мытари и грешники. (Между прочим, этот комментарий осуждает популярные сегодня стратегии привлечения непокорных, бесправных и отверженных обществом людей путем смягчения Евангелия и подчеркивания только его положительных сторон. Он также разоблачает глупость попыток найти точки соприкосновения с неверующими, которые уже комфортно чувствуют себя в какой-либо ложной религии.)

Тем не менее заговор фарисеев против Иисуса в конечном итоге привел именно к тому результату, на который они рассчитывали. Через шесть месяцев некоторые из тех самых простых людей, которые когда-то слушали «Его с услаждением» (Марк. 12:37), стали кричать об убийстве Христа.

ИИСУС ОТВЕЧАЕТ ТРЕМЯ ПРИТЧАМИ

Безусловно, Иисус прекрасно видел, что происходило, поэтому Он ответил на этот вопрос довольно определенно, рассказав целых три притчи.

Поскольку все притчи 15-й главы Евангелия от Луки содержат одну и ту же мысль, а первые две очень кратки, будет полезно рассмотреть сначала их в качестве небольшого вступления к притче о блудном сыне. Именно историей о блудном сыне Иисус наносит несколько сильных полемических ударов, а затем финальный нокаутирующий удар по лицемерию и нечестию книжников и фарисеев. Но первые две притчи начинают этот спарринг парой сравнительно мягких приемов.

Притча о заблудшей овце
Первая притча рисует очень простой, всем знакомый образ пастуха.

> " Кто из вас, имея сто овец и потеряв одну из них, не оставит девяноста девяти в пустыне и не пойдет за пропавшею, пока не найдет ее? А найдя, возьмет ее на плечи свои с радостью и, придя домой, созовет друзей и соседей и скажет им: «Порадуйтесь со мною: я нашел мою пропавшую овцу». Сказываю вам, что так на небесах более радости будет об одном грешнике кающемся, нежели

о девяноста девяти праведниках, не имеющих нужды в покаянии (ст. 4–7).

Овцы были настолько распространены в той культуре, что практически все слушатели Иисуса сразу же прониклись этим образом. Вот пастух, у которого пропала одна овца из стада в сто голов. Что же ему делать?

Все знали ответ. Овцы, как правило, не отличаются самостоятельным мышлением. Их естественная склонность — держаться в стаде. Если одна из них терялась, это обычно происходило по глупости и неуклюжести животного. Возможно, заблудшая овца забралась на выступ, с которого не могла слезть, или каким-то образом не заметила, когда остальное стадо ушло.

Так или иначе, овца оказалась в смертельной опасности. Отделенная от стада и оставленная бродить в одиночку по пустыне, она погибнет, даже если вокруг будет много еды и воды. Это лишь вопрос времени, когда пропавшая овца поддастся стрессу от разлуки со стадом, угрозе хищников или воздействию стихий. Любой из этих факторов или все они могли привести к гибели в кратчайшие сроки.

Поэтому долгом пастуха было оставить стадо в безопасном месте и отправиться на поиски заблудшей овечки. Он усердно искал ее, а когда нашел, с радостью привел домой.

В том, как пастух берет овцу «на плечи» и возвращает ее домой, виден образ сострадания и Божьей благодати. Он не бьет и не ругает заблудшую овцу. Он даже не оставляет ее добираться до дома своими силами. Он поднимает ее и несет, причем делает это с радостью и восторгом, а не с гневом или раздражением. В рассказе Иисуса пастух так радуется возвращению овцы, что собирает своих друзей и соседей, чтобы отпраздновать это событие.

Такое празднование прекрасно отражает радость, которая переполняла земное служение Иисуса грешникам. Эту радость невозможно сдержать. Она также действует и на окружающих. Кто не захочет присоединиться к такому празднику?

Но самое удивительное в этой притче то, что Иисус не просто провел параллель между восторгом пастуха и радостью, которая сопутствовала Его земному служению. Он прямо сказал, что эта притча изображает *небесную* радость: «...так на небесах более радости будет об одном грешнике кающемся, нежели о девяноста девяти праведниках, не имеющих нужды в покаянии» (ст. 7). Вот в чем суть: радость, постоянно окружавшая Иисуса в общении с грешниками, — тот самый дух ликования, которым так возмущались фарисеи и который они пытались охарактеризовать как неправедное веселье, — это то самое чувство, что наполняет небеса каждый раз, когда грешник кается. Это радость Самого Бога.

Иисус сказал, что Божья радость от искупления одного грешника гораздо *больше,* чем от обращения девяноста девяти праведников, «не имеющих нужды в покаянии» (Лук. 15:7). Конечно, на самом деле таких людей не существует, но фарисеи были склонны думать о себе именно так. Прежде чем закончить эту главу, мы ответим на вопрос, кого имел в виду Иисус, говоря о «праведниках, не имеющих нужды в покаянии». Но суть, которую Он здесь излагал, начинается с отношения Бога к *кающимся* грешникам.

Притча о заблудшей овце нарисовала удивительную, поражающую воображение картину для большинства слушателей Иисуса. Они знали (гораздо лучше, чем среднестатистический человек сегодня), как сильно Бог ненавидит грех. Они понимали (о чем постмодернистский ум намеренно забыл), что «Бог — судия праведный, и Бог, всякий день строго взыскивающий, если кто не обращается» (Пс. 7:12–13). Они ясно осознавали, что Бог праведно гневается на зло.

Но служение Иисуса воплощало истину, которая была недоступна пониманию большинства людей: Бог принимает раскаявшихся грешников с нескрываемой радостью и весельем. Он не отвечает на их покаяние укором, отвращением или гневными требованиями возмездия. Он принимает грешников с радостью.

Более того, Спаситель не наказывает вернувшегося грешника, не ожидает от него покаяния или самоискупления в качестве расплаты за прошлые грехи, а устраивает в честь него небесный пир. Точно так же, как это сделал пастух в притче Иисуса.

> Служение Иисуса воплощало истину, которая была недоступна пониманию большинства людей: Бог принимает раскаявшихся грешников с нескрываемой радостью и весельем.

Кстати, одним из самых ранних символов христианского искусства — еще до того, как крест был принят в качестве главного символа христианства, — было изображение пастуха, несущего домой на шее овцу, ноги которой спускаются через его плечи. Это был отголосок знаменитого ветхозаветного образа, предвосхищавшего Мессию Израиля: «Как пастырь Он будет пасти стадо Свое; агнцев будет брать на руки и носить на груди Своей, и водить дойных» (Ис. 40:11).

Вот идеальная картина божественной благодати: пастух в этой короткой притче выполняет *всю* работу. Он ищет и находит потерянную овцу, а затем несет ее домой на своих плечах. Теперь он настолько переполнен радостью и ликованием, что выразить их можно только публичным торжеством.

Вторая притча говорит о том же самом.

Притча о потерянной драхме

Не дождавшись ответа на Свою первую историю, Иисус переходит ко второй.

> Или какая женщина, имея десять драхм, если потеряет одну драхму, не зажжет свечи и не станет мести комнату и искать тщательно, пока не найдет, а найдя, созовет подруг и соседок и скажет: «Порадуйтесь со мною: я нашла потерянную драхму». Так, говорю вам, бывает радость у ангелов Божиих и об одном грешнике кающемся (Лук. 15:8–10).

Сюжет и урок практически такие же, как и в первой притче. Изменились только обстановка и действующие лица. Теперь это женщина, у которой есть десять ценных монет, но одну она теряет. Она так хочет найти эту пропавшую монету, что зажигает масляный светильник (чтобы видеть каждый темный угол) и подметает весь дом (чтобы не пропустить ни одного сантиметра, включая то, что находится под мебелью). Акцент здесь сделан на скрупулезности и настойчивости ее поисков. Она ищет «...тщательно, пока не найдет...» (ст. 8).

Затем женщина — как и пастух в первой притче — так радуется тому, что нашла потерянное, что делится доброй вестью со всеми своими друзьями и соседями. И снова урок заключается в радости — переполняющем счастье. Ее охватил такой невероятный восторг, что она *должна* была поделиться им со всеми, кого знала.

В этих двух притчах Иисус использовал образы, которые близки и понятны каждому. Кому не знакома радость обретения потерянной драгоценности? Это реальные сценарии, которые мы можем легко соотнести с жизнью, даже в нашем современном культурном контексте.

Единственная особенность этих двух историй, которая кажется преувеличенной, — это праздник. Большинство людей, нашедших потерянную монету или животное, не станут созывать друзей и соседей и устраивать публичное торжество, чтобы порадоваться. Но чтобы кто-то решился на такой шаг, как приглашение друзей и соседей, которые разделят с ним праздник, чувство восторга у этого человека должно быть очень глубоким.

> Небесная радость по поводу искупления грешников — это восторженное, блаженное, запредельное ликование.

Именно об этом говорил Иисус. Небесная радость по поводу искупления грешников — это восторженное, блаженное, запредельное ликование.

Это, по сути, реакция Самого Бога на обращение грешника. Обратите внимание, что Иисус говорит не о «радости ангелов», а о «радости в присутствии ангелов» (ст. 10) и «радости на небесах» (ст. 7)[2]. Это ликование Самого Спасителя.

---

[2] Цитаты приведены из английского перевода Библии New King James Version. — Прим. пер.

Подобно пастуху, нашедшему овцу, и женщине, отыскавшей монету, Добрый Пастырь желает разделить Свою великую радость о спасении грешников со всеми, кто будет радоваться вместе с Ним.

ПРОТИВОСТОЯНИЕ ЗДЕСЬ, НА ЗЕМЛЕ

Поэтому недовольство фарисеев было оскорблением Бога. Это было богохульство высшего порядка. Иисус пояснил *это*, познакомив их с притчей о блудном сыне. Старший брат в этой истории символизирует фарисеев. Его недовольство, резко контрастирующее с радостью отца, точно отражало менталитет фарисеев.

Иисус часто использовал притчи, чтобы скрыть истину от неверующих (Лук. 8:10). Но притча о блудном сыне, как мы увидим, описала уродство отношения фарисеев настолько ярко, что никто не смог бы упустить ее суть.

Притча о блудном сыне продолжает ту же тему, что и две предыдущие притчи, и имеет очень похожий сюжет. Мы уже слышали о возвращении заблудшей овцы и потерянной драхмы. Теперь речь идет о возвращении сына. В каждой притче что-то потерянное найдено, и за этим следует великое торжество.

> Притча о блудном сыне, как мы увидим, описала уродство отношения фарисеев настолько ярко, что никто не смог бы упустить ее суть.

Центральные образы во всех трех притчах схожи. Каждая история иллюстрирует радость Бога по поводу обретения потерянного грешника. В каждой притче также есть образ, представляющий Христа, чья миссия — искать и спасать потерянных. В первой притче пастух символизирует Христа, во второй эту роль играет женщина, а в истории о блудном сыне — отец. (Имейте в виду это.

> Принято считать, что отец блудного сына олицетворяет Небесного Отца, но параллелизм этих трех историй позволяет предположить, что на самом деле он символизирует Иисуса.

Принято считать, что отец блудного сына олицетворяет Небесного Отца, но параллелизм этих трех историй позволяет предположить, что на самом деле он символизирует Иисуса. Все значение этого утверждения станет ясно в эпилоге.)

Эта притча отличается несколькими особенностями. Прежде всего, это единственная из трех притч, где образ Христа не показан активно ищущим. (На поиски намекает то, что отец увидел возвращение блудного сына, когда тот «был еще далеко».) Но перспектива здесь иная. В первых двух историях подчеркивается роль Христа как ищущего — того, кто находит и радуется. Но третья история рассматривает обращение с точки зрения грешника, отмечая отступление блудного сына, его гибель, раскаяние, а затем восстановление.

В этом, собственно, и заключается еще одна особенность этой притчи. Она единственная из трех иллюстрирует покаяние грешника. Но делает это с удивительной тщательностью, давая нам, возможно, лучший в Новом Завете пример того, как выглядит истинное покаяние.

И все же самое очевидное и значительное отличие этой притчи от двух ее непосредственных предшественниц — это шокирующий поворот сюжета, который происходит как раз тогда, когда мы думаем, что история закончилась. Блудный сын возвращается. Отец устраивает большой праздник. На этом завершились две предыдущие истории — потерянное было найдено.

Но эта история продолжается, и мы встречаем персонажа, который символизирует книжников и фарисеев: старшего брата. Он появляется на сцене, возмущенный праздником, критикующий радость отца, настолько сосредоточенный на себе и своих достижениях, что совершенно не способен веселиться вместе с отцом по поводу возвращения потерянного брата. Реакция старшего брата резко контрастирует с радостью, которая была главной темой всех трех притч до сих пор. Вот та мысль, которую Иисус выстраивал все это время. Эта притча — обличение религиозных лидеров, возмущавшихся Его служением, которое совершалось ради радости Божьей.

Если представить, как книжники и фарисеи восприняли эти притчи, то посыл этих историй будет действительно сильным. До того, как Иисус начал рассказывать об ошеломляющем прощении отца, они вполне могли с пониманием слушать все три притчи, кивая головой в знак согласия. Кому не понятна радость обретения утраченного? Возможно, религиозные лидеры отнеслись к этим историям так же легко, как и все остальные. Образы Христа, несомненно, привлекли их. Они могли слушать с интересом и пониманием.

> Эта притча — обличение религиозных лидеров, возмущавшихся Его служением, которое совершалось ради радости Божьей.

Они считали себя специалистами по этике с высокими ценностями, а этика в этих историях была довольно простой и не вызывала споров.

Однако *богословие* этих историй было несколько завуалировано до тех пор, пока не появился старший брат. Тогда стало ясно, что притча была призвана показать горькое презрение к грешникам в истинном свете. Иисус разоблачал самодовольство и чувство собственного превосходства фарисеев, противопоставляя их презрение к грешникам духу божественного сострадания, который пронизывал все земное служение Христа. Он начал притчу с изложения этического принципа, с которым фарисеи, естественно, согласились бы, а затем использовал его как нож, чтобы вскрыть серьезные недостатки их богословия, их восприятия Бога и отношения к другим людям. Уродливость лицемерия и самодовольства фарисеев была выставлена на всеобщее обозрение. Это было еще одно сокрушительное публичное унижение для них.

Между прочим, упоминание в Евангелии от Луки 15:7 о людях, «не имеющих нужды в покаянии», относится именно к фарисеям. Иисус не имел в виду, что они действительно праведны или что им не нужно каяться. Как раз наоборот. Но эта фраза описывает то, как фарисеи воспринимали себя. Христос часто упрекал их за такое отношение. В Евангелии от Луки 5:31–32 Он сказал им: «Не здоровые имеют нужду во враче, но больные; Я пришел призвать не праведников, а грешников к покаянию». Это был строгий выговор и осуждение их высокомерного поведения; Он не предполагал, что они и в самом деле прекрасно справляются сами.

В Евангелии от Луки 18:9 Иисус «сказал также к некоторым, которые уверены были о себе, что они праведны, и уничижали других, следующую притчу...». Это была притча о фарисее и мытаре (иудейском сборщике налогов для римского правительства), в которой первый смотрит на кающегося мытаря и имеет дерзость благодарить Бога за то, что он, фарисей, не такой уж плохой грешник. Это была типичная точка зрения фарисея.

Сразу после того, как Лука заканчивает свой рассказ из серии притч, начавшихся с истории о заблудшей овце, он пишет, что Иисус прямо обличил фарисеев, подытожив главную мысль этих притч: «Вы выказываете себя праведниками пред людьми, но Бог знает сердца ваши, ибо что высоко у людей, то мерзость пред Богом» (Лук. 16:15).

> Иисус рассказал историю о блудном сыне в первую очередь для фарисеев в качестве упрека им.

В этом и заключается главный смысл происходящего в данной притче. Иисус рассказал историю о блудном сыне в первую очередь для фарисеев в качестве упрека им.

НЕВЫСКАЗАННЫЙ ПРИЗЫВ: ИСТИННОЕ ИСКУПЛЕНИЕ ВО ХРИСТЕ

В этой притче тем не менее содержится послание и применение, к которому каждый из нас должен прислушаться. Нам нельзя повторять ошибку фарисеев. Писание не дает нам возможности стоять в стороне, пренебрежительно глядя на фарисеев, и благодарить Бога за то, что мы не такие, как *они*.

Один из явных подтекстов этой истории заключается в том, что *никто* не свободен от необходимости раскаяния. Если фарисеям нужно было покаяться, несмотря на их одержимость мельчайшими деталями церемониального закона, то насколько больше нужно покаяться нам в том, что мы не воспринимаем святость Божью так серьезно, как должны?

Заметьте, что Иисус не порицал фарисеев за то, что они отсчитывали мелкие семена для десятины; Он упрекал их за то, что они использовали такие вещи в качестве маскировки, чтобы скрыть свою несостоятельность в отношении более важных *нравственных* аспектов Закона. Он сказал им: «Горе вам, книжники и фарисеи, лицемеры, что даете десятину с мяты, аниса и тмина, и оставили важнейшее в законе: суд, милость и веру; *сие надлежало делать, и того не оставлять*» (Матф. 23:23).

Если вы слышите притчу о блудном сыне и не видите в ней себя, то вы упускаете не сказанный напрямую урок Иисуса. Это призыв к покаянию, и он относится как к блудным сыновьям (безнравственным, отверженным грешникам), так и к фарисеям (нравственным, уважаемым лицемерам). И основной смысл, и антитеза притчи подчеркивают эту идею. С одной стороны, мы видим, как покаяние открывает небесную радость. С другой стороны, мы узнаем, что отказ видеть собственную потребность в покаянии — это не что иное, как упрямое, самодовольное сопротивление небесному замыслу. Поэтому притча требует покаяния от блудных сыновей и фарисеев.

Обещание искупления кающимся грешникам идет рука об руку с этой истиной. В ярких образах великой радости на небесах, когда потерянное возвращается, содержится не высказанный, но полный благости призыв. Он напоминает нам о добрых словах Иисуса в Евангелии от Иоанна 6:37: «Все, что дает Мне Отец, ко Мне придет; и приходящего ко Мне не изгоню вон...»

ЛИЧНОЕ ПРИМЕНЕНИЕ: НЕ ЖДИТЕ, ПОКА СТАНЕТ СЛИШКОМ ПОЗДНО

Приступая к более подробному изучению притчи, ее сюжета и персонажей, я призываю вас использовать чтение этой книги как возможность провести серьезный, глубокий самоанализ. Если вы недавно познакомились с христианством, притча о блудном сыне — прекрасное начало для изучения Божьего Слова и применения его истин в своей жизни. Даже если вы уже много лет являетесь членом церкви, вы получите огромную пользу от этого упражнения.

Один из важных уроков, которые мы извлечем из негативного примера поведения старшего брата и закостенелой самоправедности фарисеев, заключается в том, что можно всю жизнь прожить в доме веры и рядом с ним, создавая видимость усердного труда и верного служения, и при этом совершенно не быть в гармонии с небесной радостью. Если есть хоть малейшая вероятность того, что вы в таком состоянии, дорогой читатель, не ждите, пока станет слишком поздно для вашего исцеления.

ЧАСТЬ 2
БЛУДНЫЙ СЫН

У некоторого человека было два сына; и сказал младший из них отцу: «Отче! Дай мне следующую [мне] часть имения». И [отец] разделил им имение. По прошествии немногих дней младший сын, собрав все, пошел в дальнюю страну и там расточил имение свое, живя распутно. Когда же он прожил все, настал великий голод в той стране, и он начал нуждаться; и пошел, пристал к одному из жителей страны той, а тот послал его на поля свои пасти свиней; и он рад был наполнить чрево свое рожка́ми, которые ели свиньи, но никто не давал ему. Придя же в себя, сказал: «Сколько наемников у отца моего избыточествуют хлебом, а я умираю от голода; встану, пойду к отцу моему и скажу ему: „Отче! Я согрешил против неба и пред тобою и уже недостоин называться сыном твоим; прими меня в число наемников твоих“». Встал и пошел к отцу своему.

Луки 15:11–20

ГЛАВА 3
БЕССОВЕСТНАЯ ПРОСЬБА

...И сказал младший из них отцу: «Отче!
Дай мне следующую [мне] часть имения».
— Луки 15:12

Теперь мы готовы разобрать притчу о блудном сыне, обращая пристальное внимание на персонажей, сюжет и детали, которые Иисус выделил в повествовании.

Иисус представляет главных героев в первом стихе: «У некоторого человека было два сына...» (Лук. 15:11). По мере того как разворачивается история, внимание переключается с одного персонажа на другой. В самом начале в центре находится младший сын — блудный (ст. 12–20). Но затем, в середине повествования, на первый план выходит отец (ст. 20–24), за ним следует старший брат (ст. 25–31). Притча естественным образом делится на эти три части, и по мере того, как Иисус развивает повествование, с каждым изменением фокуса сюжет принимает неожиданный оборот. Поэтому у типичного первого слушателя притчи ход мыслей и ожидания меняются с каждым последующим изменением сюжетной линии.

В начале притчи младший сын, как кажется, играет роль главного героя — негодяя. Но в заключительной части *старший* брат оказывается настоящим злодеем. Когда внимание в истории переключается на старшего брата, мы извлекаем главный урок притчи из его отрицательного примера.

Некоторые даже считают, что притчу лучше было бы назвать «Самоуверенный старший брат» или что-то подобное. Другие предлагают названия, в которых акцент делается на милосердии и прощении отца («Притча о прощающем отце» и т. д.). Но трудно придумать название, которое бы отражало всю полноту истины, изложенной Иисусом в этой короткой истории.

Трехчастная форма притчи продумана и гениальна. В ней быстро сменяют друг друга три важные идеи, тесно связанные с основной темой 15-й главы Евангелия от Луки — темой небесной радости, когда грешник кается. Блудный сын — это наглядный урок истинного покаяния. Отец олицетворяет радость небес. А озлобленный старший брат резко контрастирует с обеими этими идеями. Он воплощение претенциозной самоправедности фарисеев и ее естественного следствия — нечестивой обиды на милость и доброту Бога к другим.

Мы начнем, как и Иисус, с младшего брата — самого блудного сына.

> **Блудный сын — это наглядный урок истинного покаяния.**

Стоит обратить внимание на происхождение этого имени. Слово «блудный» не встречается в Библии короля Иакова[3]. Это очень старое английское слово, обозначающее безрассудную расточительность или неумеренную роскошь. В современном английском языке оно практически вышло из употребления, за исключением случаев, когда речь идет об этой притче. Иногда его используют в отношении своенравных сыновей и дочерей. Но оно не говорит о юношеском

> Основная идея слова «блудный» заключается в расточительности, неумеренности, излишестве и распущенности.

бунте или уклонении от обязанностей как таковых. Основная идея слова «блудный» заключается в расточительности, неумеренности, излишестве и распущенности.

Это слово используется в Евангелии от Луки 15:13 в Новой версии короля Иакова[4], где говорится, что младший брат «...расточил имение свое, живя блудно». Греческий термин asôtôs означает расточительность, но не думайте, что главный недостаток характера блудного сына заключался лишь в ней. Как мы вскоре увидим, греческое выражение гораздо ярче, оно передает сильный оттенок разнузданности, распущенности и морального разврата.

Этот юноша — классический пример недисциплинированного молодого человека, который растрачивает лучшие годы жизни на безудержное потакание своим желаниям и становится рабом собственной похоти и греха. Он живая иллюстрация того, как грех неизбежно ведет к деградации человека.

---

[3] Английский перевод Библии King James Bible. — Прим. пер.
[4] Английский перевод Библии New King James Version. — Прим. пер.

ПОРАЗИТЕЛЬНАЯ ДЕРЗОСТЬ МЯТЕЖНИКА

Уже одного вступления к рассказу Иисуса, вероятно, было достаточно, чтобы книжники и фарисеи вздрогнули: «...и сказал младший из них отцу: „Отче! Дай мне следующую [мне] часть имения"» (ст. 11–12). Просьба юноши, как описал ее Иисус, была возмутительной, дерзкой и грубо бесчестной по отношению к отцу.

Иисус рисует образ молодого человека, который, очевидно, еще не женат, ведь он хочет пуститься во все тяжкие. Вероятно, он был подростком и, очевидно, испытывал бесстыдное неуважение к отцу. Его просьба о скорейшем получении наследства показывает, насколько закоренелым и злобным было его неповиновение. Любой человек, знакомый с культурой Ближнего Востока, сразу же увидит это (а большинство найдет это отвратительным до крайности), потому что все в требовании юноши противоречит основным ценностям еврейского общества.

> Все в требовании юноши противоречит основным ценностям еврейского общества.

Пренебрежительное отношение к наследству

Начнем с того, что отношение младшего сына к своему наследству было совершенно неуместным. С первых дней существования Израиля законы, регулирующие передачу семейных владений из поколения в поколение, были одними из важнейших и наиболее характерных культурных принципов, закрепленных в законе Моисея. Семейные земли и владения нельзя было продавать или передавать за пределы семьи. В тяжелых случаях, когда землю *приходилось* продавать, чтобы избежать банкротства, закон даже предусматривал положение, гарантирующее возвращение этой собственности законной семье в год юбилея (Лев. 25:23–34).

Обязанность содержать свое наследство в целости и сохранности была хорошо понятна всем. Это видно из возмущения Навуфея, когда Ахав хотел купить землю его семьи, чтобы превратить ее в сад, прилегающий к царскому дворцу. Навуфей сказал: «Сохрани меня Господь, чтоб я отдал тебе наследство отцов моих!» (3 Цар. 21:3). Эта точка зрения была глубоко укоренена в системе ценностей Израиля, начиная с тех времен, когда «...отдал Авраам все, что было у него, Исааку...» (Быт. 25:5).

Принцип, известный как *закон первородства*, регулировал передачу семейного наследства в Израиле. Он означал, что сын-первенец получал двойную долю наследства. В редких и исключительных случаях двойная доля могла быть передана младшему сыну — например, когда единственным наследником Авраама стал Исаак, а не Измаил, или когда Иаков получил право первородства от Исава. Но обычно право первородства переходило к старшему сыну.

Книга Второзаконие 21:15–17 признает законность и важность этой практики. (Этот текст запрещает передавать право первородства младшему брату или сестре, если это продиктовано греховным фаворитизмом.) Право первородства включало в себя не только дополнительное богатство, но и ответственность главы семьи за тех, кто оставался в ближайшем окружении после смерти отца. Таким образом, большая часть семейных земель и владений, а также ядро самой семьи сохранялись в неприкосновенности из поколения в поколение.

Младшие сыновья ни в коем случае не были бесправны. Они тоже получали справедливую долю наследства. В определенном смысле они извлекали большую пользу из экономических принципов, установленных законом первородства. Вместо того чтобы безжалостно делить имущество и активы семьи в каждом поколении (или облагать налогом наследство каждого), эта практика давала первенцам более прочную финансовую основу и тем самым укрепляла ядро семьи.

Это, в свою очередь, обеспечивало поддержку и стабильность и младшим сыновьям. Система была направлена на увеличение богатства.

Совершенно очевидно, что младший сын в притче Иисуса не испытывал ни малейшей благодарности за то наследство, которое поколения его семьи обеспечили его отцу — а однажды и ему самому. Ему не хватало ни терпения, ни дисциплины. Хуже всего, судя по всему, ему недоставало подлинной любви к отцу.

Неуважение к отцу

Это, пожалуй, самое тревожное в поведении блудного сына. Для сына в той культуре потребовать наследство раньше времени было равносильно тому, чтобы сказать: «Папа, лучше бы ты умер. Ты мешаешь моим планам. Ты — преграда. Я хочу свободы. Я хочу самореализации. И я хочу уйти из этой семьи прямо сейчас. У меня есть другие планы, которые не касаются тебя, не касаются этой семьи, не касаются этого поместья, даже не касаются этой деревни. Я не хочу иметь ничего общего ни с кем из вас. Отдайте мне мое наследство сейчас же, и я уйду отсюда».

В культуре, где честь играла такую важную роль, а пятая заповедь («Почитай отца твоего и мать твою») служила основным законом, дерзость этого молодого человека была хуже, чем просто скандал. Любой сын, обратившийся к здоровому отцу с такой ошеломляюще неуместной просьбой, считался бы

> Для сына в той культуре потребовать наследство раньше времени было равносильно тому, чтобы сказать: «Папа, лучше бы ты умер».

последним сорванцом. Это не его прерогатива — требовать наследства раньше времени. Он не только намекал, что хотел бы, чтобы его отец умер, но и совершал своего рода символическое сыновнее самоубийство. Любой сын, выдвинувший такое наглое требование, мог рассчитывать на то, что отец сочтет его мертвым. Очевидно, для безрассудного сына это не имело большого значения. Это дало бы ему свободу, которой он так жаждал. А если при этом ему удастся получить еще и наследство, тем лучше.

Кстати, в той культуре нормальным ответом на подобную дерзость была как минимум сильная пощечина от отца. Обычно это делалось публично, чтобы пристыдить сына, проявившего такое пренебрежение к отцу. (Если это кажется слишком суровым, то имейте в виду, что закон Моисея предписывал смерть через побивание камнями для неисправимо непокорных детей [Втор. 21:18–21]). Поэтому сын, виновный в таком бесчестии отца, вполне мог рассчитывать на то, что его лишат всего, что у него было, а затем навсегда вычеркнут из семьи. Его причисляли к мертвым. Вот насколько серьезным было это нарушение. Собственно говоря, это и отражается в словах отца при возвращении блудного сына: «...этот сын мой был мертв...» (ст. 24). Отец повторяет это старшему брату: «...брат твой сей был мертв...» (ст. 32). В то время и в том месте нередко устраивали настоящие похороны ребенка, который таким образом дерзко бросил дом и семью. Даже сегодня в строгих еврейских семьях родители иногда произносят «кадиш» (формальное чтение заупокойной молитвы) над сыном или дочерью, от которых отреклись за подобное поведение.

После того, как отец отрекался от сына, у непокорного ребенка практически не было возможности вернуться и восстановить свое положение в семье. Если он вообще хотел вернуться, то должен был возместить ущерб, нанесенный семье, и отдать все имущество, которое он мог взять, когда убегал. Но даже в этом случае он мог ожидать, что потеряет многие права, которыми ранее пользовался как член семьи. О получении наследства ему можно было забыть.

Порядок семейной чести был понятен всем членам общества. Во главе списка стоял отец, рядом с которым обычно находилась мать. Далее следовал старший брат, а младшие братья и сестры находились в самом низу.

Так и в притче Иисуса иерархия очевидна. Отец, как патриарх семьи, заслуживал особого уважения. Матери не видно, поэтому отец мог быть вдовцом, что означало бы, что отец и два сына составляли ядро семьи, а слуги оказывали им почет. Однако младший сын должен был почитать не только отца, но и старшего брата. Он вполне мог возмущаться своим положением в семье, считая, что оно не намного лучше, чем у слуг.

Что бы ни происходило в его голове, сын либо не замечал своего позора, либо был совершенно безразличен к нему.

Что с того, что его поведение обесчестило всю семью? Как только он получит свое наследство, он оставит дом, семью и страну и уедет в далекие земли, где его все равно никто не знает. Тогда он наконец-то будет свободен и сможет делать все, что захочет.

Иисус вряд ли мог нарисовать картину, которая бы изображала больший позор. Учитывая социальную структуру Израиля, это был самый низкий уровень, на который мог опуститься сын.

> Сын либо не замечал своего позора, либо был совершенно безразличен к нему. Что с того, что его поведение обесчестило всю семью?

Требование доли имущества

Манера, в которой блудный сын предъявил свои требования, была черствой и бессердечной: «Отче! Дай мне следующую [мне] часть имения» (Лук. 15:12).

Греческое выражение, переведенное как «часть имения», больше нигде в Писании не встречается. Это необычное греческое слово для обозначения *наследства*. Это не термин, который обычно применяется к недвижимости, основным средствам или чему-то, что постоянно находится в собственности семьи. Напротив, это слово говорит о личных ценностях — особенно о движимом и ликвидном имуществе. Оно буквально означает «моя доля в имуществе семьи». Он требовал, чтобы домашние вещи, личные ценности и другие материальные блага его отца были инвентаризированы и распределены досрочно.

Это предложение, конечно, было столь же непрактичным, сколь и дерзким. В любой семье, которая состояла из двух сыновей и придерживалась закона первородства, *после смерти отца* треть всего имущества переходила к младшему сыну. Требовать треть семейного имущества, пока отец еще жив, было абсурдно и неразумно.

Сомнительно, что блудный сын действительно рассчитывал на то, что его отец выполнит такое требование. Неважно. Он с радостью принял бы оплату деньгами. Несомненно, он был готов согласиться на гораздо меньшую сумму, чем справедливая рыночная стоимость его реального наследства. Очевидно, его единственным планом было взять все, что попадется ему под руку, и как можно скорее покинуть дом. Его не интересовала никакая часть долгосрочного семейного наследия. Доля в семейном имуществе и скоте только привязала бы его к дому. По сути, он просил, чтобы с ним рассчитались.

Другими словами, блудный сын был готов продать свое право на наследство за любые деньги, которые были у его отца под рукой. По любым меркам это, вероятно, была значительная сумма. Эта семья явно процветала. У них были наемные слуги (Лук. 15:19, 22). Отец был довольно состоятельным, чтобы нанять музыкантов и танцоров для импровизированного праздника (ст. 25). У них был домашний скот, в том числе откормленный теленок, которым они могли воспользоваться в любую минуту, — такая роскошь была доступна только очень богатым семьям.

Конечно, молодой человек знал, что со временем получит значительное наследство, но ему надоело ждать. Он хотел получить все, что можно, *сейчас*, прежде всего потому, что это было нужно ему для финансирования его бунтарства. Он не желал брать на себя ответственность, связанную с наследством. Он не хотел участвовать в управлении имуществом. Похоже, больше всего он стремился избавиться от обязанностей, ожиданий и ответственности, которые возлагались на сына такого успешного человека.

> По сути, блудный сын был готов продать свое право на наследство за любые деньги, которые были у его отца под рукой.

По сути, он говорил отцу: «Все, что мне нужно, — это справедливая доля в семейном имуществе, и я уйду из твоей жизни. Я не прошу у тебя совета, а просто хочу получить только то, что мне причитается. Я не хочу, чтобы мной управляли, и уж точно не желаю быть руководителем. Мне не нужна ответственность, и вы мне не нужны».

Как и любой непокорный подросток, блудный сын был явно несчастен. Он думал, что ему нужно больше независимости. Он устал от давления культуры, заставляющей его почитать отца. Конечно же, он не видел никакой пользы в том, чтобы позволить отцовским взглядам и ценностям управлять его жизнью. Он был полон решимости как можно дальше отойти от всех обязательств, отбросить все ограничения и *особенно* освободиться от власти отца.

Разумеется, дарить подарки детям — право любого отца. И в еврейской культуре того времени не было ничего необычного в том, что отец задолго до своей смерти назначал конкретные доли семейного имущества для отдельных наследников. Например, в отношении определенного участка земли или сокровищницы он мог сказать: «Это твое. Это часть двух третей, которые ты получишь как мой первородный сын». Или: «Вот то, что я хочу, чтобы у тебя было. Это часть одной трети, которую ты получишь как мой младший сын».

Но даже если отец распределял свое имущество раньше, сыновьям не разрешалось вступать в полное и независимое владение наследством до тех пор, пока отец не умрет. В той культуре, где честь была так важна, ожидалось, что каждый отец будет оставаться главным и ответственным за все домашнее хозяйство и все его имущество до самой смерти. Отец (если он был по-настоящему благороден) *никогда* не мог отказаться от обязанностей главы семьи. Это исключалось множеством традиций, связанных с пятой заповедью: «Почитай отца твоего и мать твою...» (Исх. 20:12).

Более того, Мишна (сборник традиций, определяющих толкование Закона) предписывала, что если отец рано раздавал свое имущество, то сыновья должны были владеть им до его смерти. Сыновья могли управлять собственностью или обрабатывать участок земли так, как будто он уже принадлежал им. Но отец оставался фактическим владельцем. Он по-прежнему имел решающий голос в вопросах, касающихся семейных дел. Он все так же следил за тем, как управляют имуществом. И все еще имел право на долю от любого дохода. Только после смерти отца сыновья могли делать со своим наследством все, что им заблагорассудится. Другими словами, раннее получение наследства, хотя и было прекрасным преимуществом, не освобождало

> Блудный сын просил не о *таком* подарке. Он требовал выхода из семьи.

сына полностью от власти отца. Но блудный сын просил не о *таком* подарке. Он требовал выхода из семьи.

НЕОЖИДАННЫЙ ОТВЕТ ОТЦА

В деревенской жизни того времени каждый знал о делах другого. Кроме того, план блудного сына уйти из дома гарантировал, что новости о его бунте в кратчайшие сроки станут достоянием общественности и перемолотым зерном на деревенской мельнице слухов. Этот легкомысленный бунтарь беспечно возводил гору бесчестья над отцом, семьей и собственной репутацией.

К несчастью для отца, он ничего не мог сделать, чтобы скрыть или снять позор, кроме как публично отречься от мальчика. Несомненно, именно этого ожидали от отца другие жители деревни и, возможно, даже призывали его поступить так. Любой уважающий себя отец в этой культуре, естественно, счел бы необходимым опозорить сына как можно более публично — дать ему церемониальную пощечину, прилюдно обличить, официально исключить из семьи и, возможно, даже похоронить. В конце концов, это был единственный способ не позволить юноше надолго опорочить доброе имя семьи.

> К несчастью для отца, он ничего не мог сделать, чтобы скрыть или снять позор, кроме как публично отречься от мальчика.

Разделение средств к существованию

Вместо этого отец «...разделил им имение» (ст. 12). Вместо того чтобы публично ударить юношу по лицу за его дерзость, отец дал своему мятежному сыну именно то, о чем тот просил.

Здесь история Иисуса, должно быть, вызвала у книжников и фарисеев второй громкий вздох. Если бы отец разделил свое имущество между сыновьями по собственной воле и великодушной щедрости, то это было бы понятно и, возможно, даже достойно восхищения. Но выполнить дерзкую просьбу непокорного юноши таким образом было неслыханно — тем более что такой поступок буквально стоил отцу всего, что у него было.

Большинство слушателей Иисуса, особенно фарисеи, сочли это постыдным поступком со стороны отца. По меркам той культуры это был жалкий и слабый ответ. Неужели этот отец был таким бесхребетным? Неужели его нисколько не заботила собственная честь? Зачем ему уступать требованиям такого непокорного сына? Почему бы ему не заявить о своем авторитете как главы семьи и не отречься от мальчика? Уступив неразумной просьбе сына и просто отдав ему свои средства к существованию, отец становился таким же объектом позора, как и непокорный сын. Фарисеи, несомненно, посчитали, что отец поступает даже *более* позорно, чем сын, потому что, отдавая свои средства к существованию, он тем самым передавал честь семьи и разрешал мальчику растоптать ее.

Важно то, как это сформулировано в оригинальном тексте. «Имение» — это перевод греческого слова bios, означающего «жизнь». Отец разделил и отдал сыновьям всю свою жизнь — свои средства к существованию и все, что семья накапливала поколениями. Тот факт, что младший сын был волен взять завещанное отцом и уйти в далекую страну, говорит о том, что отец передал сыновьям семейное имущество без всяких условий. Он, очевидно, не брал никаких обещаний взамен и не предпринимал никаких мер, чтобы заставить младшего сына проявить уважение к традициям. Блудный сын взял свою часть семейного богатства без оглядки. У него было именно то, чего он хотел: полная свобода.

Преданность сыну

Поступок отца показывает, что он был по-настоящему любящим отцом, а не тираном, и он был готов терпеть боль от отвержения и публичного унижения вместо того, чтобы отречься от сына. Он добровольно перенес, пожалуй, самую мучительную личную агонию: горе отвергнутой нежной любви, которая, очевидно, была глубокой. И чем сильнее любовь, тем сильнее боль, когда эту любовь не принимают.

Это особенно удивительно, когда мы напоминаем себе, что Иисус иллюстрирует Свою любовь к грешникам. И поскольку Иисус — воплощение Бога, Сам Господь

> БЛУДНЫЙ СЫН ВЗЯЛ СВОЮ ЧАСТЬ СЕМЕЙНОГО БОГАТСТВА БЕЗ ОГЛЯДКИ. У НЕГО БЫЛО ИМЕННО ТО, ЧЕГО ОН ХОТЕЛ: ПОЛНАЯ СВОБОДА.

в человеческой плоти, мы должны понимать, что реакция отца блудного сына отражает любовь Иеговы к мятежным людям. Хотя Он абсолютно суверенен и обладает властью и исключительным правом уничтожить каждого грешника в одно мгновение, Он тем не менее дарует каждому человеку щедрую милость, благоволение и долготерпение. Подобно отцу в притче, вместо того чтобы сразу же отречься от грешников и уничтожить их, Бог проявляет поразительное терпение. Он дает им свободу поступать по своей воле, даже если ясно, что единственное их намерение — это бунт против

Его воли, и даже если сейчас кажется, что их бунт причиняет Ему большое бесчестие.

Но «бесчестие» было ничем для Христа, Который сошел с небес и покинул Свой законный трон Бога. Вместо этого Он «...уничижил Себя Самого, приняв образ раба, сделавшись подобным человекам и по виду став как человек; смирил Себя, быв послушным даже до смерти, и смерти крестной» (Флп. 2:7–8). «...Вместо предлежавшей Ему радости, претерпел крест, пренебрегши посрамление...» (Евр. 12:2).

> Реакция отца блудного сына отражает Божью любовь к мятежным людям.

Мы увидим в этой притче две важные и выдающиеся истины: позор, который Он понес, был *нашим* позором; и вечная радость, которая Ему предстояла, лучше всего проявляется в Его глубоком восторге от искупления кающихся грешников.

ГЛАВА 4

ПОЗОРНЫЙ ПОСТУПОК

...Младший сын, собрав все, пошел
в дальнюю страну и там расточил имение
свое, живя распутно.
— Луки 15:13

Бунт блудного сына проходил в два разных этапа, каждый из которых должен был окончательно покрыть его позором в мыслях слушателей Иисуса. Первый этап мы видели в том, как он отвратительно обращался с собственным отцом.

Второй еще хуже. Он начинается с ухода сына из семьи и продолжается его путешествием в мир. Кульминацией этой части истории становится полный крах жизни блудного сына. Его похоти оказываются неконтролируемыми. Он попадает в ужасное рабство, из которого не в силах освободиться. Это рабство его собственного греха, и оно оказывается для него гораздо более тяжким заточением, чем жизнь под властью отца, какой он ее себе представлял. Его все больше и больше тянет вниз по смертельной спирали греха, пока он не оказывается практически в безвыходном положении в самых ужасных обстоятельствах, которые только можно себе вообразить.

БЕГСТВО

Прошло совсем немного времени, прежде чем прояснилась истинная причина неповиновения блудного сына: «*По прошествии немногих дней* младший сын, собрав все, пошел в дальнюю страну и там расточил имение свое, живя распутно» (Лук. 15:13).

> Теперь, когда у него наконец-то появились средства, ему не терпелось сбежать.

Этот молодой человек был сыт по горло всеми своими обязанностями, утомился отчитываться перед отцом и устал от всех отношений в своей жизни — особенно от отношений с отцом и старшим братом. Теперь, когда у него наконец-то появились средства, ему не терпелось сбежать.

Расточение имущества

Фраза «собрав все» означает, что блудный сын расточил все, что мог, превратив свое наследство в деньги. Поспешность, с которой он действовал, говорит о том, что он потерял огромную часть стоимости наследства.

Помните, как мы уже видели, закон Моисея строго регулировал продажу недвижимости. Семейные земли были защищены этими правилами, чтобы ни один клан не лишился имущества, если кто-то из членов семьи по глупости решит растратить свое будущее таким образом. В Книге Левит 25:23 Господь говорит: «Землю не должно продавать навсегда, ибо Моя земля...»

Как мы уже отмечали в предыдущей главе, продажа земли в Израиле была скорее похожа на долгосрочную аренду. Семейные владения можно было выкупить, и земля всегда возвращалась к семье первоначального владельца в год юбилея. (Юбилейные годы наступали каждые полвека, в конце семи циклов субботних лет, согласно Книге Левит 25:8–55.) Соответственно определялась и цена на участок земли. Чем ближе был следующий юбилейный год, тем меньше денег можно было получить за землю.

Кроме того, из-за традиции, запрещавшей сыну распоряжаться имуществом отца при его жизни (как уже говорилось в предыдущей главе), единственным способом расточить такое имущество была продажа большей его части с условием, что покупатель не сможет вступить во владение им до смерти отца. Главному герою пришлось бы фактически продать свое право на наследство, словно на дешевой распродаже. Все было бы так сильно уценено, что большая часть стоимости была бы потеряна. Ему посчастливилось бы получить даже копейку за рубль. В действительности же он, скорее всего, согласился на гораздо меньшее. Он просто хотел уйти.

Это прекрасно иллюстрирует глупость грешника. Он хочет уйти от Бога, и его больше волнует, как сделать это *сейчас*, чем то, чего это может стоить ему в будущем. Он не желает нести ответственность перед Богом. Он дешево продает все доброе, что получил от Него. Он растрачивает духовные дары, благосклонность Божьего провидения и все благословения, которые Бог когда-либо посылал ему. Он воротит нос от богатства Божьей благости, кротости и долготерпения, которые *должны* привести его к покаянию (Рим. 2:4).

Путешествие в языческие земли

Помните, что Иисус рассказывает эту притчу иудейским лидерам в иудейской культуре, поэтому, когда Он говорит, что блудный сын «пошел в дальнюю страну», они сразу же понимают подтекст. Любая дальняя страна — это страна язычников. Этот молодой человек оставил не только свой дом и семью, но и свое культурное наследие и веру.

> Этот молодой человек оставил не только свой дом и семью, но и свое культурное наследие и веру.

Это была еще одна деталь, которая вызвала у слушателей Иисуса ужас. Было немыслимо, чтобы еврейский юноша по своей воле отправился в языческие земли и охотно поселился там (или, что еще хуже, стал бродягой вдали от дома), чтобы предаваться развратной жизни. Насколько плох был этот парень? Он был плох до мозга костей. Он настолько презирал своего отца, что намеренно подвергал его самому унизительному публичному позору. Это было очень плохо. Добавьте к этому поверхностный материализм, жадность, глупость, с которой он лишился столь ценного наследства, — и вы получите первоклассного преступника. Но когда (вдобавок ко всему) он отправляется в страну язычников, чтобы оказаться как можно дальше от всех, кто его знал, — только для того, чтобы свободно предаваться дурному поведению, — он вдруг становится настолько отвратительной фигурой, что трудно выразить его скверну простыми словами. Разве может быть более точное олицетворение зла и позора?

Несомненно, Иисус готовил этого парня на роль главного злодея в этой истории. Неужели кто-то может быть хуже него? Устройте ему похороны и пригласите всю деревню. Он ушел, и его можно считать мертвым.

Верно?

Книжники и фарисеи, *должно быть,* думали примерно так же. Их презрение к беспутным грешникам было хорошо известно. Ведь именно это и послужило поводом для разногласий с Иисусом. Но более того, мысль о том, что кто-то добровольно оставляет дом и религию, отправляется в дальнюю страну и поселяется в языческой культуре, была для них невыразимо отвратительна. *Все* в культуре язычников было нечистым. Куда бы он ни пошел и что бы ни делал после этого, он был безнадежно осквернен, по мнению фарисеев. То, что он делал это специально, чтобы погрязнуть в грехе, было почти непостижимо. По их мнению, блудный сын не подлежал искуплению, и отцу следовало избавиться от него. Никто не может быть хуже того, кто ведет себя подобным образом.

Не упускайте эту мысль и помните, что обстоятельства блудного сына станут намного хуже, прежде чем его положение улучшится.

ГДЕ СТАРШИЙ БРАТ?

Но где же во всем этом старший брат? На данный момент он совершенно отсутствует в этой истории, и я убежден, что это не лишено смысла. Почему он не встает на защиту чести отца? Почему не вмешивается и не пытается образумить младшего брата? Почему мы не слышим ни звука протеста, ни слова благодарности от старшего брата, когда отец делит свои средства к существованию и лишается всего, что ему принадлежит?

Конечно, старший брат прекрасно понимал, что его отец терпит страшное публичное унижение из-за бунта младшего сына. Почему же здесь нет стиха, рассказывающего о том, как старший брат отправился за младшим и попытался вернуть его домой? Почему здесь нет и намека на то, что он был лично уязвлен горем отца и гибелью брата?

> Старший брат любил отца не больше, чем блудный сын.

Ответ: потому что у старшего брата уже не было никаких отношений с отцом. Он любил отца не больше, чем блудный брат. Он был счастлив просто получить свою долю и остаться дома, наслаждаясь тем, что общество считает его «хорошим» сыном. Его настоящий характер проявится в ближайшее время.

А пока обратите внимание: этот эпизод полон стыда. Описывается совершенно неблагополучная семья. Хотя отец был любящим, щедрым, добрым человеком, который с избытком одаривал двух своих сыновей, оба сына больше заботились об отцовском богатстве, чем о самом отце. Один из них был отъявленным, мятежным и нерелигиозным грешником, другой — религиозным грешником, который умел создать некоторую видимость приличия. Ни один из сыновей не испытывал подлинного уважения к отцу, не отвечал взаимностью на его любовь и не проявлял никакого интереса к здоровым

отношениям с ним. По сути, оба сына ненавидели отца и ненавидели друг друга.

ДОРОГА К ГИБЕЛИ

Блудный сын, похоже, направился в самое отдаленное место, которое только мог найти, прочь от дома и ответственности. Он «пошел в дальнюю страну» (ст. 13). Кто знает, как
он выбрал направление для путешествия и был ли у него на
уме какой-то конкретный пункт прибытия? Если его мысли
были типичны для молодых людей, придерживающихся подобного поведения, то он, вероятно, направился в сторону
какого-то места, о котором слышал и которое казалось ему
экзотическим.

Но он почти ничего не знал о том, какой будет реальная
жизнь там. Он не принимал в расчет опасности, которые могут
там таиться. И явно не задумывался о том, что нужно будет
делать, чтобы начать новую жизнь в чужой культуре. Очевидно,
что обустройство даже не входило в его долгосрочные планы. Блудный сын просто искал удовольствия. И давайте будем честными: люди, которые думают подобным образом, обычно не заглядывают далеко вперед.

Поэтому нет ничего удивительного в том, что в стихе 13
мы читаем, что он «...расточил имение свое, живя распутно».

Именно в этом направлении с самого начала развивался бунт блудного сына. Греческий глагол, переведенный как «расточил», — diaskorpizô. Это слово вызывает в памяти идею просеивания, когда зерна подбрасывают в воздух, а ветер сдувает мякину. Оно буквально означает «разбросать по земле». Он просто разбрасывал средства — «жил распутно». Он расточил целое состояние в мгновение ока, потратив свое наследство на нечестие.

Позднее старший брат подытожил такой образ жизни следующими словами: он «...расточивший имение свое с блудницами...» (ст. 30). Некоторые толкователи полагают, что это может быть злобным преувеличением и, следовательно, ложным обвинением со стороны старшего брата, призванным выставить младшего в еще худшем свете, чем он того заслуживал. Но я склонен считать иначе. Если бы блудный сын был совершенно невиновен в этом смысле, я думаю, Иисус так бы и сказал, потому что это подкрепило бы Его аргументы против плохого отношения старшего сына. Но Иисус отнюдь не описывал блудного сына как человека, который на самом деле не так плох, как думали люди, а намеренно изображал его как глубоко развращенного и способного практически на все. Выражение «жил распутно» («буйно жил» в Библии короля Иакова[5]) явно подразумевает, что он вел образ жизни, полный разврата и грубой безнравственности, далеко зашедший и не допускающий никаких угрызений совести. Его совесть совершенно очерствела, иначе он не стал бы предаваться такой жизни. И если он смог так быстро расточить семейное состояние, не потратив денег на блудниц, то наверняка употребил их на что-то худшее.

---

[5] Английский перевод Библии King James Bible. — Прим. пер.

Разумеется, тот, кто пренебрегает всеми обязанностями, сбрасывает с себя всю ответственность, сторонится любого намека на подотчетность и ведет такой аморальный образ жизни, быстро придет к полному краху. Это неизбежно. Это закон, вплетенный в саму ткань творения и неукоснительно исполняемый божественным провидением. «Что посеет человек, то и пожнет: сеющий в плоть свою от плоти пожнет тление...» (Гал. 6:7–8). Именно это и произошло с главным героем. Он разрушил собственную жизнь.

Грех никогда не дает того, что обещает, и приятная жизнь, к которой, как думают грешники, они стремятся, всегда оказывается прямой противоположностью: тяжелой дорогой, которая неизбежно ведет к гибели и тупику. «...Возмездие за грех — смерть...» (Рим. 6:23). «...Ибо если живете по плоти, то умрете...» (Рим. 8:13). «...Сделанный грех рождает смерть» (Иак. 1:15). Блудному сыну предстояло познать эти истины очень болезненным и запоминающимся способом.

Его падение было внезапным и неизбежным: «Когда же он прожил все...» (Лук. 15:14). Скорее всего, когда блудный сын прибыл в дальнюю страну, его состояние все еще оставалось, по крайней мере частично, нетронутым. Он пришел как толстосум с большим кошельком. Он был наивным юношей издалека с огромным имением, и вы можете быть уверены, что все мошенники и нищие в городе положили на него глаз.

Блудный сын был молод и доверчив и, вероятно, поначалу счастлив оказаться в центре внимания. Он отправился на поиски веселой жизни, и теперь только посмотрите на него! Все в городе, кто знал толк в развлечениях, хотели быть рядом с ним. Он думал только о том, чтобы создать себе такой образ. Он хотел, чтобы люди считали его щедрым, любящим веселье, открытым и разгульным. Поэтому он пустился во все тяжкие. На мгновение ему показалось, что он получил именно то, что хотел.

> Избегая слишком резких выражений, скажем, что блудный сын получил именно то, что заслужил. Он пожинал то, что посеял.

Но «друзья», которые появились у блудного сына в погоне за таким образом жизни, вовсе не были настоящими друзьями. Они были просто отбросами общества и изгоями, которые хотели нажиться на его глупости. Когда у него закончатся деньги, эти «друзья» тоже оставят его.

Именно так и произошло. Он «прожил все» (ст. 14). Растратил свое состояние. Расточил все средства к существованию, которые получил от отца, на мирские развлечения (ст. 30). И, скорее всего, старший брат был совершенно прав: в их число входили блудницы и другие подобные безнравственные занятия.

Избегая слишком резких выражений, скажем, что блудный сын получил именно то, что заслужил. Он пожинал то, что посеял. Он остался совершенно ни с чем, и это была полностью его вина.

ПРЕСЛЕДУЕМЫЙ ПРОВИДЕНИЕМ

Сразу после того, как деньги закончились, «...настал великий голод в той стране...» (ст. 14). Конечно, голод наступил не по вине главного героя, но так устроена жизнь. Некоторые несчастья мы навлекаем на себя сами, а иногда беда приходит не по нашей вине.

Для такого мятежного юноши, восставшего и против Бога, и против отца, стечение сразу стольких тяжелых неудач должно было казаться божественной расплатой за его грех. В этом случае мы, вероятно, должны усмотреть проявление божественного наказания во всем, что постигло блудного сына, когда его жизнь стала разваливаться. Но из-за своего бунтарства ему некуда было обратиться, чтобы найти облегчение.

Это был совершенно разрушительный поворот событий. Подумайте, как сильно это должно было ударить по блудному сыну. Вся его жизнь до сих пор была наполнена удобствами, которые он воспринимал как должное. Процветание и относительная легкость его ранней домашней жизни были куплены и оплачены тяжелым трудом и экономным усердием многих поколений его предков. Его отец удовлетворял все его потребности и обеспечивал всеми удобствами с самого рождения. Вероятно, сын полагал (как и многие наивные молодые люди), что жизнь от природы легка. Он не обращал внимания на верность своих родителей, которые помогли сделать его жизнь такой комфортной, и доказательством его недальновидности служит то, как легкомысленно он отказался от своих корней в поисках плотского самоудовлетворения.

Теперь жизнь в наслаждениях, к которым стремился блудный сын, оборвалась, и ему вдруг стало ясно, что свобода, которую он думал обрести, совсем не такая, как он ожидал. Он практически продал свою душу за мечту легковерного мальчишки, и теперь Провидение требовало немедленной расплаты по всем счетам с процентами. Внезапная череда неудач была крайне деморализующей, эмоционально истощала и ставила его в совершенно неприемлемое экономическое положение. Иисус сильно смягчает описание невзгод юноши: «...он начал нуждаться...» (ст. 14). Сильный голод в то время был едва ли не худшим, что могло с ним случиться, — по

> Сильный голод в то время был едва ли не худшим, что могло с ним случиться, — по крайней мере, с земной точки зрения.

крайней мере, с земной точки зрения.

Что именно может произойти, когда бедность и нищета усиливаются голодом? В нашей культуре голод почти не встречается, поэтому, читая этот стих, мы можем не испытывать того ужаса, который наверняка охватил слушателей Иисуса, когда эта история разворачивалась перед ними. Здесь нам нужно остановиться и подумать о значении стиха 14.

Во времена Иисуса голод был достаточно распространенным явлением, поэтому Ему не пришлось объяснять Своей аудитории, что переживал блудный сын. Несомненно, эти беды были восприняты — особенно книжниками и фарисеями — как удар божественного наказания.

В течение долгого исторического периода, о котором повествует Писание, было множество случаев голода разного масштаба и продолжительности. О первом из них мы читаем в Книге Бытие 12:10. Этот голод привел Авраама в Египет и, по-видимому, стал первым в цикле волн подобных бедствий, обрушившихся на Землю обетованную. Так, голод в эпоху Исаака также привел его в Египет (Быт. 26:10). А знаменитый семилетний голод, который Иосиф предвидел во сне (Быт. 41:54), стал поводом для всей семьи Иакова искать убежища в Египте. Именно по этой причине израильтяне в начале Книги Исход жили в Египте как рабы фараона и нуждались в избавителе, подобном Моисею.

Поэтому голод рассматривался как уникальное провиденциальное бедствие — в большинстве случаев явный признак высшей степени божественного недовольства. Поскольку голод обычно был вызван другими бедствиями, он часто выглядел как восклицательный знак в конце череды усугубившихся несчастий. (Это один из факторов, благодаря которым тема голода в случае с блудным сыном кажется такой пронзительной и уместной.)

Голод может быть вызван, например, засухой (3 Цар. 17:1), насекомыми (Иоил. 1:14), градом (Исх. 9:22–23), врагами, осаждающими города (4 Цар. 6:25), и даже разрушительным поведением кочевых народов, таких как амаликитяне, которые передвигались огромными армиями и пожирали все на своем пути (Втор. 28:21). Библия описывает один голод в Самарии при жизни Елисея, настолько сильный, что две женщины договорились приготовить и съесть собственных детей. Женщины действительно съели одного из младенцев, но, поскольку мать второго ребенка уже не была так отчаянно голодна, она отказалась отдать своего ребенка на съедение (4 Цар. 6:26–31).

Такой отчаянный голод трудно представить тем из нас, кто живет в местах, где рестораны быстрого питания есть на каждом крупном перекрестке. Но в большей части Африки к югу от Сахары, включая несколько густонаселенных стран (особенно Сомали, Судан, Эфиопию и Чад), голод постоянно угрожает жизни. Эти регионы мира уже пережили страшные волны разрушительного голода в нашем поколении. Таким образом, ужасная реальность подобных бедствий все еще мучает значительную часть населения мира сегодня, и, к нашему стыду, многие люди, живущие в индустриально развитых культурах, не осознают в полной мере человеческую цену такого рода катастроф.

Сильный голод — одно из самых страшных бедствий, которые могут постигнуть нацию. Вот краткое описание голода в Европе в эпоху Средневековья, составленное автором Уильямом Манчестером:

> 99 Голодные годы были ужасны. Нужда могла заставить крестьян продать все, что у них было… В самые тяжелые времена они ели кору, коренья, траву, даже белую глину. Каннибализм был небезызвестен. Незнакомцев и путешественников подкарауливали и убивали, чтобы съесть, и ходят рассказы о сорванных виселицах — до двадцати тел свисало с одного эшафота — людьми, жаждущими съесть теплую плоть сырой [6].

Я читал множество описаний голода, датируемых даже более поздними веками, из первых рук. В середине XIX века в Ирландии был картофельный голод (иногда называемый

---

6   William Manchester, A World Lit Only by Fire (New York: Little, Brown, 1992), 54.

Великим голодом). Миллион человек — более десяти процентов населения Ирландии того времени — умерли от голода в течение трех лет. Позднее был массовый голод (Голодомор) на Украине в 1930-х годах, унесший жизни нескольких миллионов человек. Считается, что он был преднамеренно вызван Сталиным в качестве акта геноцида.

Рассказы очевидцев о том или ином голоде трудно читать. Но почти все эти истории имеют несколько общих черт. Они описывают, как люди сходят от голода с ума. Нередко встречаются случаи каннибализма. Смерть от голода часто настолько распространена, что трупы приходится собирать и вывозить каждый день. Один писатель рассказывает о том, как детей продавали в рабство, проявляя таким образом милосердие, чтобы они не умерли от голода. Другой пишет о том, как плоть жертв голода измельчали и продавали в качестве пищи. Люди вынуждены были питаться травой, обувной кожей, гнилой плотью, мусором и экскрементами. Целые города и деревни оставались без жителей. Это мучительное, невыразимо ужасное, медленное, безнадежное бедствие, полное боли и терзаний.

В отличие от нас, слушатели Иисуса были не настолько далеки от голода, чтобы Ему нужно было что-то пояснять. Упоминание о «великом голоде» наверняка сразу же вызвало в их воображении жуткую картину. Они понимали, что Он описывает степень отчаяния, намного превосходящую все, что большинство из нас сегодня может себе представить.

ПРАЗДНИК ЗАКОНЧИЛСЯ

Жизнь этого молодого человека превратилась в настоящий кошмар. Он сам принимал множество неверных решений, но теперь рука божественного провидения сделала его беды куда более серьезными, чем он мог себе представить. Это была жизнь на самом дне.

Книжники и фарисеи, слушавшие эту историю, несомненно, отшатнулись от ужаса, в который превратилась жизнь этого молодого человека. Он оставил прекрасный дом и светлое будущее под руководством удивительно любящего и щедрого отца, и вот в каком положении теперь оказался — без друзей, семьи и надежды в чужой стране, где некуда обратиться. Праздник точно закончился.

ГЛАВА 5
ПОКАЯНИЕ

Придя же в себя...
— Луки 15:17

Блудный сын, конечно же, не нашел той жизни, к которой стремился, когда убегал. Золото в далекой стране утратило весь блеск. Дорога, по которой он решил пойти, оказалась скоростным шоссе, ведущим к гибели. Его свободный образ жизни внезапно превратился в ужасную, сокрушительную кабалу. Все его мечты обернулись кошмаром. Все его удовольствия сменились болью. Все его развлечения уступили место глубокой печали. И этот беспечный юный бунтарь, который бросил все ради нескольких мгновений самоугождения, теперь был вынужден вести образ жизни, полный лишений. Веселье закончилось. Смех умолк. Музыка перестала играть. Все его так называемые друзья исчезли. Все стало настолько плохо, насколько это возможно, и он был на грани смерти.

Одно можно сказать с уверенностью: если бы блудный сын знал, что дело дойдет до этого, он никогда бы не отправился на поиски. Он желал безудержного наслаждения. Он хотел удовлетворять свою похоть без перерыва и упрека. Вместо этого он столкнулся с неизбывной болью, одиночеством и угрозой неминуемой смерти. Теперь его жизнь была лишена всех удовольствий, о которых он

> Дорога, по которой решил пойти блудный сын, оказалась скоростным шоссе, ведущим к гибели.

когда-либо мечтал, и переполнена злом, о котором он по глупости даже не догадывался.

Упорство некоторых грешников невозможно объяснить рационально. Некоторые люди настолько решительно идут своим путем, что, даже когда им приходится испытать неприятные последствия их проступков, они все равно не отказываются от своих стремлений. Я знал людей, чья жизнь была полностью разрушена горькими плодами их любимого греха. Их буквально тошнит от последствий, но от самого греха они не отказываются. Грех — это цепи рабства, которые они не в силах разорвать.

Так было (поначалу) и с блудным сыном. Опустошенный, безнадежный, с разрушенной жизнью вокруг, он *все еще* не был готов вернуться домой. Возвращение в семью, конечно, означало бы признание того, что он был неправ и глуп. Это означало также столкнуться с обидой брата, признать вину за горе и душевную боль, причиненные отцу, и навлечь на себя позор. А главное, это значило взять на себя ответственность, жить в условиях подотчетности и подчиниться авторитету — то есть вернуться ко всему тому, от чего он в свое время бежал.

ОБМАН, ПОЗВОЛЯЮЩИЙ ИЗБЕЖАТЬ ПОКАЯНИЯ

Разочарованный блудный сын сначала поступил так, как пытаются поступить многие люди, прежде чем действительно опуститься на дно. Он отчаянно пытался придумать схему, которая позволила бы ему пережить трудное время и, возможно, избежать необходимости по-настоящему взглянуть в лицо своему греху и полностью признать свою вину.

Разумеется, все это время он думал лишь о том, как вырваться из-под власти отца и провести остаток жизни, делая все, что захочется. Этот план (каким бы он ни был) совершенно не удался. И вот его план Б: «...и пошел, пристал к одному из жителей страны той, а тот послал его на поля свои пасти свиней...» (Лук. 15:15).

Очевидно, первое, что сказал себе блудный сын, когда его мир рухнул, было: «Мне нужно найти работу». Он думал, что сможет встать на ноги, — может быть, даже выпутаться из затруднительного положения. Это типично для грешников, которые бегут от Бога. Они ведут беспутную, бунтарскую жизнь и предаются греху всей душой, чтобы в конце концов разориться, истощить

> Он думал, что сможет встать на ноги, — может быть, даже выпутаться из затруднительного положения. Это типично для грешников, которые бегут от Бога.

все свои силы и оказаться на улице если не в буквальном, то в переносном смысле. При этом они часто успокаивают себя мыслью о том, что у них есть средства и возможности, чтобы выбраться из той неразберихи, которую они устроили в своей жизни.

Некоторые люди тратят годы на это заблуждение, а для многих оно становится путем к разрушению, откуда нет выхода.

Присоединение к жителю той страны

Что означает, что блудный сын «пристал к одному из жителей страны той»? Во времена Рима «гражданином»[7] называли привилегированного человека. Кто-то мог даже быть уроженцем определенного региона и при этом не быть гражданином. В землях, контролируемых Римом, гражданами обычно становились очень богатые иностранцы, потому что это слово означало *римское* гражданство, которое давало огромное количество привилегий и почестей.

Блудный сын каким-то образом познакомился по крайней мере с одним из таких состоятельных людей — возможно, с тем, с кем он когда-то участвовал в каком-нибудь пороке или развлечении. Писание говорит, что он «пристал» к гражданину. В греческом тексте используется очень выразительный глагол — kollaô, который буквально означает «склеивать». Подразумевается, что эти отношения не были идеей гражданина. Блудный сын прикрепился к одному влиятельному человеку, которого он каким-то образом знал со времен своего мотовства, и не хотел уходить. Он прилип к нему, как эпоксидная смола.

Другими словами, отчаяние блудного сына достигло такой критической точки, что он буквально превратился в нищего. К этому времени он, вероятно, был грязным, неопрятным,

---

[7] Автор ссылается на английский перевод Библии New King James Version, в котором слову «житель» соответствует citizen («гражданин»). — Прим. пер.

доведенным до крайней нищеты, и все, что он мог делать, — это просить милостыню.

Даже сегодня подобные сцены довольно часто встречаются в неразвитых странах. Периодически путешествуя по самым бедным частям мира, я не раз сталкивался с таким. Некоторые нищие просто не дадут вам уйти, даже если вы подадите им милостыню. Они будут цепляться за ваше пальто, тянуть за руку, хватать за карманы и повергать вас в отчаяние. В рассказе Иисуса мы видим именно такого нищего, и это наводит на мысль, что гражданин не сразу откликнулся на мольбы блудного сына. Но отчаявшийся юноша прилип к нему, как будто его приклеили горячим клеем, и снова и снова умолял о помощи.

Поведение блудного сына в этот момент напоминает поведение вдовы из притчи в Евангелии от Луки 18:1–8. Женщина привязалась к несправедливому судье и настойчиво, неустанно требовала справедливости. В конце концов судья неохотно исполнил ее желание, хотя это и противоречило его собственным предпочтениям, и сказал: «Хотя я и Бога не боюсь и людей не стыжусь, но, как эта вдова не дает мне покоя, защищу ее, чтобы она не приходила больше докучать мне» (Лук. 18:4–5).

Подобная логика действовала и здесь. Ничто в тексте не говорит о том, что этот гражданин испытывал хотя бы каплю искреннего сострадания к блудному сыну. Более того, все указывает на противоположный вывод. И все же блудного сына наконец выслушали и дали ему работу: кормить свиней.

Кормление свиней

Это была совсем не настоящая работа. За выпас свиней почти ничего не платили — этих денег не хватало даже на то, чтобы удовлетворить насущные потребности блудного сына. К тому же кормление свиней было крайне унизительной работой. Она занимала практически самое низкое положение во всей иерархии труда и не требовала никаких навыков. Поэтому эту роль часто отводили людям умственно отсталым, лишенным всех социальных навыков или по иным причинам непригодным для жизни в приличном обществе. Вспомните, что одержимый бесами человек в стране Гадаринской жил в местности, где паслись свиньи (Марк. 5:11).

Даже сегодня, с современными технологиями и усовершенствованными методами ведения хозяйства, свиноводство остается одним из самых отвратительных, вредных и дурно пахнущих видов разведения животных. Переработанные корма для свиней сегодня доступны, но они дорогие. (К тому же даже лучшие из них отвратительно пахнут. Невозможно сделать разведение свиней эстетически привлекательным предприятием.) Поэтому нередко свиноводы просто собирают испорченные пищевые отходы и кормят животных кучами мусора. Свиньи, разумеется, с удовольствием едят практически все, что хоть сколько-нибудь пригодно для переваривания.

Один из телеканалов, специализирующихся на просветительских документальных фильмах, недавно снял сюжет о крупной свиноферме в Неваде, в котором сосредоточился на способах кормления животных. Все начинается со сбора огромного количества мусора с Лас-Вегас-Стрип[8], где ежедневно выбрасывают несколько тонн испорченной или

---

[8] Лас-Вегас-Стрип — знаменитый участок бульвара Лас-Вегас в штате Невада (США), где расположены крупнейшие отели, казино, рестораны и развлекательные заведения. — Прим. ред.

оставшейся еды из роскошных буфетов казино. Эти остатки систематически собирают и перевозят на свиноферму в огромных грузовиках с помоями.

В пустынной жаре к тому времени, когда мусор прибывает на ферму, он уже превращается в тошнотворное полужидкое рагу. Вонь от такого количества разлагающейся пищи также, должно быть, просто невыносима. Помои выливают на своеобразную конвейерную систему, на которой рабочие вынимают как можно больше различных пластиковых контейнеров и других небиоразлагаемых предметов. Поток испорченных продуктов направляется в котел высотой с двухэтажный дом, где все это варят, чтобы уничтожить самые вредные бактерии. Затем полученной смеси дают остыть. К этому времени она превращается в неаппетитную, комковатую, клейкую жижу цвета желчи.

Это вещество ведрами выливают в длинные грязные корыта, которые постоянно покрыты большим количеством грязи и свиных экскрементов. Но даже когда рабочие наполняют корыта, свиньи визжат от восторга и толкают друг друга, подставляя себя под потоки жижи, пока она льется из ведер. Свиньи с жадностью поглощают литры этого вещества в течение нескольких мгновений. Как ни противно на это было смотреть (или даже читать об этом), телепрограмма наглядно продемонстрировала, что свиньи съедят все.

Для блудного сына, родившегося под законом Моисея, свиньи считались церемониально нечистыми животными. Это означало, что любое прикосновение к животным воспринималось как духовно оскверняющее. Более того, поскольку есть свинину запрещалось, участвовать в разведении свиней для употребления в пищу считалось крайне аморальным —

особенно в глазах книжников и фарисеев. Таким образом, одного только характера этой работы было достаточно, чтобы автоматически закрепить за блудным сыном статус постоянного и неисправимого изгоя в Израиле.

> Одного только характера этой работы было достаточно, чтобы автоматически закрепить за блудным сыном статус постоянного и неисправимого изгоя в Израиле.

Это также наводит на мысль, что предложение работы было скорее оскорблением, чем актом сострадания. Богатый гражданин, похоже, сделал такое предложение, потому что это был лучший способ отвязаться от настойчивого нищего. Согласившись на этот труд, блудный сын должен был остаться там, где находились свиньи, а это, несомненно, было достаточно далеко от их богатого хозяина, чтобы он не подвергался постоянному воздействию их шума и запаха. Хотя перевод описывает место обитания свиней как «поля», на самом деле это была отдаленная, суровая, каменистая пустыня, где не росло ничего, кроме густого кустарника. Не думайте, что свиньи занимали какое-нибудь пышное сельскохозяйственное поле или луг. Голод или нет, но свиней, выращиваемых для рынка, всегда отправляли на дикие земли, которые не годились ни для каких других целей, потому что свиньи губительны для ценных культур и садов.

Не имея другого выхода, блудный сын согласился на работу и принялся за дело. Гражданин «послал его на поля свои пасти свиней» (ст. 15). Это значит, что блудный сын поселился в суровой пустыне вместе со свиньями. Он стал пастухом на полный рабочий день.

Это был еще один крайне отвратительный поворот сюжета для книжников и фарисеев. У них, несомненно, снова перехватило дыхание при мысли об этом еврейском мальчике, который не только согласился работать на свиноферме, но и пошел жить среди свиней. Образ, который создал Иисус, уже вызывал в их глазах мучительное отвращение, но с каждой новой деталью, которую Он добавлял, картина становилась все более мрачной. Разве может быть еще хуже?

Да, это возможно. И так оно и было.

НИЗШАЯ ТОЧКА ЭТОЙ КАТАСТРОФЫ

Очевидно, что во время сильного голода даже пища для свиней была скудной. Этим свиньям повезло, что у них был проницательный и богатый хозяин, который продолжал их откармливать, а не сразу продал на убой. Вероятно, он спасал их, в то время как голод усиливался. Позже он продаст их по высоким ценам. А пока свиней можно было кормить шелухой, кожурой, яичной скорлупой, различными листовыми стеблями или тростниковыми растениями. Все эти вещи не перевариваются человеком, и даже свиньи едят их с большим трудом. По всей вероятности, это были отнюдь не упитанные свиньи. Ведь это было время сильного голода.

Желание есть свиные отбросы
Но у свиней была хотя бы *какая-то* еда. Блудный сын же буквально умирал от голода, наблюдая за тем, как питаются голодные свиньи. Размышляя об этом, он почувствовал,

что сгорает от зависти к ним! Иисус сказал: «...и он рад был наполнить чрево свое рожка́ми, которые ели свиньи...» (ст. 16).

Греческое слово keration, переведенное как «рожки», обозначает стручки рожкового дерева. Они были длинными, по форме напоминали фасоль и росли на кустарниках, похожих на деревья. Бобы внутри стручков были твердыми, а оболочка стручков — жесткой и кожистой. Порошок из молотых бобов иногда используют в качестве заменителя шоколада. Из бобов также можно получить своеобразную патоку, которая была важным источником сахара на древнем Ближнем Востоке. В остальном же стручки рожкового дерева несъедобны для человека и, откровенно говоря, не очень питательны даже для домашнего скота. Но деревья удивительно выносливы, поэтому даже во время сильной засухи или нашествия насекомых стручки рожкового дерева могут расти в изобилии. Их часто использовали в качестве добавки к корму для скота во время голода, а такие животные, как свиньи и крупный рогатый скот, при необходимости могли постоянно питаться стручками рожкового дерева. Именно это и происходило в данном случае.

Наблюдая за тем, как свиньи с жадностью поглощают стручки, блудный сын страстно желал набить собственный желудок свиной пищей. Если бы только эти стручки были съедобны для него! «...Он *рад* был наполнить чрево свое рожка́ми...» (ст. 16).

Обращение как с одной из свиней

Это была еще одна деталь в истории Иисуса, которая, несомненно, заставила книжников и фарисеев отшатнуться в отвращении. Если их провоцировало и возмущало то, что Иисус сидел за одним столом с мытарями и другими грешниками, то насколько более отвратительной была мысль о том, что юноша из добропорядочного иудейского дома опустился так низко, что жаждал разделить пищу со свиньями! По мнению фарисеев, он, по сути, *стал* одной из свиней. Единственный способ опуститься еще ниже — быть брошенным в преисподнюю, что, по мнению фарисеев, было для него практически неизбежным и вполне заслуженным.

Даже в той далекой языческой стране, где почти никто не был скован какими-либо угрызениями совести по поводу церемониальной нечистоты и не испытывал отвращения к употреблению свинины, блудного сына считали неприкасаемым. «...Никто не давал ему» (ст. 16).

> Единственный способ опуститься еще ниже — быть брошенным в преисподнюю, что, по мнению фарисеев, было для него практически неизбежным и вполне заслуженным.

Современный читатель едва ли в состоянии понять, насколько отвратительным казался блудный сын высокородным книжникам и фарисеям, поскольку они придерживались принципа воздержания от всех видов церемониального осквернения. Рассказывая эту притчу, Иисус приписывал блудному сыну все виды нечистоты, позора и бесчестия, какие только можно себе представить. Каждая деталь, которую Иисус упоминал о нем, еще больше оскорбляла чувства религиозной элиты. Из-за всех способов, которыми этот юный бунтарь осквернил и опозорил себя, к тому времени, когда

Иисус дошел до этой части рассказа, блудный сын стал (по мнению фарисеев) достоин скорее презрения, чем жалости. Он был настолько покрыт позором и дурной славой, что они, без сомнения, окончательно списали его со счетов как неисправимого.

ЧЕМУ УЧИТ РАЗРУШЕННАЯ ЖИЗНЬ БЛУДНОГО СЫНА

Прежде чем мы двинемся дальше, необходимо извлечь важный урок о природе греха и его разрушительной силе, которая превратила жизнь блудного сына в руины. Его опыт — это живая картина того, что такое грех и что он делает с людьми. Блудный сын — это яркий символ каждого грешника, когда-либо жившего, включая нас с вами. Поэтому мы должны внимательно отнестись к предупреждению, которое Иисус дает нам в этой части притчи.

Любой грех — это именно иррациональное восстание против любящего Небесного Отца. Величайшее его зло не в том, что он нарушает Закон, хотя, безусловно, это так (1 Иоан. 3:4). Но настоящее зло греха проистекает из его природы как личного оскорбления доброго и милостивого Законодателя. Грех — это расчетливое, преднамеренное нарушение наших отношений с Творцом. (Возможно, вы никогда раньше не задумывались о грехе в таком ключе, но тем не менее это правда, и совесть каждого

> БЛУДНЫЙ СЫН — ЭТО ЯРКИЙ СИМВОЛ КАЖДОГО ГРЕШНИКА, КОГДА-ЛИБО ЖИВШЕГО, ВКЛЮЧАЯ НАС С ВАМИ.

человека подтверждает эту реальность. Тайны нашего сердца свидетельствуют против нас, и в Послании к Римлянам 2:14—16 говорится, что даже эти тайны однажды будут явлены и осуждены Богом.)

> Грешить — значит отказывать Богу в Его месте. Это выражение ненависти к Богу. Это равносильно желанию, чтобы Он умер.

Когда мы грешим, мы пренебрегаем Божьей отеческой любовью и Его святой властью. Мы отвергаем не только Его закон, но и саму Его личность. Грешить — значит отказывать Богу в Его месте. Это выражение ненависти к Богу. Это равносильно желанию, чтобы Он умер. Это бесчестье по отношению к Нему. А поскольку в основе любого греха лежит это презрение к Богу, то даже в самом маленьком грехе достаточно зла, чтобы повлечь за собой вечность, полную бед, несчастий и страданий. Тот факт, что все человеческое зло произошло от простого акта непослушания Адама, служит ярким доказательством этого (Рим. 5:12, 19; 1 Кор. 15:21—22).

Более того, грех *всегда* приносит злые плоды. Мы не можем принимать добрые дары, которыми окружил нас Бог, разменивать их на пустяки, а потом не ожидать, что пожнем последствия духовной нищеты, которые неизбежны.

Вот поразительная реальность: блудный сын — это не просто образ худшего из грешников; он символ *каждого* неискупленного грешника, отчужденного от Бога и не имеющего надежды в этом мире (Еф. 2:12). Он точное и живое изображение всего человечества — падшего, грешного и мятежного. Хуже того, его характер отражает естественное состояние не только всего нашего падшего рода, но и каждого человека, когда-либо зачатого от отца, — человека, рожденного после грехопадения Адама. Все мы начинаем эту жизнь, повернувшись спиной к Богу, желая убежать от Него, не обращая внимания на Его любовь, не ценя Его щедрость и не уважая Его честь.

Это правда: злые побуждения, которые двигали блудным сыном, — это естественные склонности каждого падшего человеческого сердца. «...Потому что плотские помышления суть вражда против Бога; ибо закону Божию не покоряются, да и не могут. Посему живущие по плоти Богу угодить не могут» (Рим. 8:7–8). Мы «по природе дети гнева», рожденные с греховной природой и беспомощно подчиняющиеся плотским желаниям (Еф. 2:2–3).

Другими словами, *все* мы — блудные сыновья и дочери. Каждый из нас виновен в самоугождении, распущенности и необузданном вожделении. Мы не обращали внимания на последствия греха и безрассудно стремились ко злу. Если бы не Божья сдерживающая благодать, каждый из нас уже давно продал бы свое право первородства, растратил свою жизнь и все благословения, данные нам Богом, и променял Его щедрую, ежедневную благость на

> *Все* мы — блудные сыновья и дочери.

краткий миг дешевого самоудовлетворения.

Возможно, вам кажется, что вы *уже* совершали подобные поступки. Добро пожаловать в мир блудных сыновей и дочерей.

Конец пути этого молодого человека на свиноферме прекрасно иллюстрирует разрушение и душевную боль, к которым неизбежно приводит грех. Это образ духовного банкротства, пустоты, нищеты и одиночества. В конце этой широкой дороги нет ничего, кроме разрушения. Там нет никого, кто мог бы помочь, некуда обратиться, и не осталось никакой земной надежды.

Глупый грешник исчерпал свой лучший план Б и должен понять, что этот замысел был обречен на провал с самого начала. У нас нет возможности исправить свою сломанную жизнь. Мы не можем искупить грехи, которые совершили, и не способны избавиться от чувства вины. Для такой дилеммы не существует абсолютно никакого земного ответа. Его не найти ни в психологии, ни в групповой терапии, ни в самопомощи — и уж точно его нет в наркотиках, алкоголе или любой другой форме бегства. От последствий греха нельзя уйти, переехав другой район, выйдя замуж за нового партнера или скрывшись каким-то другим способом. Когда все эти попытки избежать расплаты за грех окончательно исчерпаны, грешник действительно достигает дна.

Если не найти милостивого Спасителя, то впереди не будет ничего, кроме смерти и вечной гибели.

ПРОБУЖДЕНИЕ

Именно в таком положении в конце концов нашел себя блудный сын. Он был одним из тех удачливых грешников, которые «пришли в себя» (ст. 17), прежде чем понести полную и окончательную расплату за грех.

Работа в поле со свиньями оказалась по Божьему промыслу вечным благом для блудного сына. Этот молодой человек, который был так опьянен мирским весельем, земными удовольствиями и общением с порочными людьми, в конце концов был вынужден уединиться — возможно, впервые за всю свою короткую и безответственную жизнь. Ему пришлось трезво и серьезно взглянуть в лицо страшной правде о том, в кого он превратился. Наблюдая за тем, как свиньи едят эти жесткие, безвкусные стручки (для него они были не более чем непереваримым мусором), он поймал себя на том, что жаждет набить *ими* свой желудок.

Неудивительно, что он пришел в себя. Глядя на этих запачканных свиней, которые барахтались в грязной трясине и отталкивали друг друга, жадно пожирая отбросы, он вполне мог видеть отражение собственной жизни. Ни один грешник никогда не сталкивался с более ярким образом греховной жизни (см. 2 Пет. 2:22).

Здесь сюжет наконец поворачивается в направлении, которое приносит огромное облегчение тем из нас, кто на самом деле прожил историю блудного сына. Мы можем отождествить его положение со своим. Мы вкусили горечь вины греха и ощутили безнадежность его рабства. И мы жаждем, чтобы блудный сын обрел избавление.

> Наступает та часть притчи, которую мы так долго ждали. «Придя же в себя...» (Лук. 15:17).

Наступает та часть притчи, которую мы так долго ждали. Это центральный поворот в притче о блудном сыне: «Придя же в себя...» (Лук. 15:17).

Мне нравится это выражение, потому что оно молчаливо подтверждает то, о чем трезвомыслящий слушатель догадывался с самого начала: до сих пор блудный сын был *не в себе* — не в своем уме. Я не хочу сказать, что он действительно страдал от какого-то клинического слабоумия или психического расстройства. Но он вел образ жизни, который был не чем иным, как моральным безумием. Каждая глава человеческой истории и личный опыт многих людей свидетельствуют о том, что образ жизни, который выбрал блудный сын, — это быстрый путь к бездомности, несчастью и полному отчаянию, и иногда он доводит людей до настоящего безумия.

Духовно опустошенный

Действительно, история падения этого молодого человека прекрасно объясняет, почему грех сам по себе — это просто духовное безумие. Вспомните путь юноши. С того момента, как он потребовал свое наследство, и до того, как окончательно опустился на дно свиной ямы, все его поступки не имели никакого рационального смысла. У него не было ни плана, ни цели. Он никогда не задумывался о цене. Он просто хотел предаваться эгоистичным удовольствиям без всяких ограничений. И он отправился в путь — в поисках необузданной «свободы» и роскошной жизни.

Но вместо роскоши и свободы он обрел прямо противоположное. Он не только растратил свое богатое наследство, но и попал в жестокое рабство. Он потерял все, к чему стремился. И все же до сих пор продолжал идти по пути греха. В духовном плане он, конечно же, был не в себе.

Потерявший рассудок

И чем дальше он шел по этому пути, тем больше вел себя как душевнобольной. Растратив целое состояние на греховные удовольствия, блудный сын захотел питаться несъедобными свиными помоями. Его отчаянные, иррациональные мысли и поведение, безусловно, были характерны для полного безумца.

Любому беспристрастному наблюдателю, который мог встретить его в поле, живущего со свиньями, блудный сын, вероятно, показался бы очень похожим на сумасшедшего. Такова жестокость греховного рабства.

Грех, конечно, по своей сути иррационален. Мы вполне можем назвать его своего рода моральным безумием. Грех — это восстание творения против Творца, и это не имеет смысла ни в каком масштабе. Но абсурдность греха часто особенно очевидна, когда он грубый, длительный или преднамеренный. Как пастор, я часто вижу людей, которые по глупости лишились лучших жизненных благословений — потеряли семью, работу и репутацию — в безумном стремлении к греховным удовольствиям (которые в любом случае мимолетны и иллюзорны). Вместо того, чтобы получить удовольствие, на которое они надеялись, они становятся хронически депрессивными, злыми, асоциальными и все более иррациональными. Таким образом, грех действительно может довести человека до буквального безумия.

Большинство спасательных служб в крупных городах полны людей, которые когда-то вели вполне нормальную жизнь и приносили пользу обществу, но оказались на улице, в отчаянии и на грани безумия, потому что совершали какой-то любимый грех, не задумываясь о возможных последствиях.

Блудный сын был на пути к такому безумию.

Приходя в себя

Однако в конце концов, когда казалось, что надежда на младшего брата угасла, он «пришел в себя». Он очнулся и осознал реальность. В одиночестве среди свиных полей ему пришлось увидеть, во что он превратился, и это каким-то образом вывело его из полного бесчувствия. Внезапно он начал ясно мыслить. Как только он пришел в себя, первым его побуждением было придумать план, как вернуться к отцу и домой. После того как все его ресурсы были израсходованы, а все его спутники исчезли, ему некуда было идти и не было других средств для выживания. Он действительно дошел до последней черты.

> Как только он пришел в себя, первым его побуждением было придумать план, как вернуться к отцу и домой.

Впервые в жизни младший сын решил оставить свой грех, подчиниться власти отца и попросить у него прощения. Он развернулся и направился домой.

ГЛАВА 6

ВОЗВРАЩЕНИЕ

Встал и пошел к отцу своему.
—Луки 15:20

Для книжников и фарисеев мысль о том, что такой человек, как блудный сын, может обрести прощение или искупление, была далеко за пределами их понимания. Во-первых, они автоматически относились с цинизмом к любому проявлению раскаяния, исходящему от того, кто опустился так низко.

Во-вторых, вся их концепция праведности была ошибочной, потому что основывалась главным образом на юридической системе заслуг. Книжники и фарисеи считали, что люди могут *стать* праведными благодаря пожизненной преданности сложной системе религиозных дел. Они следовали строгому церемониальному послушанию закона Моисея, уделяя особое внимание внешним деталям и мелочам. Хуже того, они обременили Закон Божий запутанным лабиринтом бесполезных человеческих традиций. Все это, по их мнению, нужно было старательно соблюдать на протяжении всей жизни, чтобы считаться праведным. Поэтому в их богословской системе не было ни одной категории, объясняющей, как такой человек, как блудный сын, мог спастись от Божьего гнева и обрести Божью благосклонность.

УДИВИТЕЛЬНЫЙ ПОВОРОТ В ИСТОРИИ

Лука описывает фарисеев как тех, кто «...уверены были о себе, что они праведны, *и уничижали других...*» (Лук. 18:9). По их мнению, ненависть к такому бунтарю была оправдана. Они считали, что блудного сына уже не спасти, и на самом деле были очень рады, что он получит по заслугам за свой грех. Они полагали, что его раскаяние было нежелательным перегибом в истории, которая уже содержала очень четкий урок о последствиях греха. Они были готовы согласиться с этим уроком — до тех пор, пока блудный сын не раскаялся. Тогда внезапно главный герой в истории Иисуса стал серьезным вызовом их религиозной системе.

Но в притче, рассказанной Иисусом, потрясение, пережитое блудным сыном на свиноферме, стало поворотным пунктом, а не концом истории. Блудный сын раскаялся. И это была не просто поверхностная уловка, чтобы восстановить симпатию отца, или быстрая и грязная схема, чтобы вернуть себе все, что было в его прежней жизни.

Это было искреннее, глубокое раскаяние, и мы видим его подлинность в каждом шаге плана, который блудный сын тщательно разработал для своего возвращения в отчий дом. Его раскаяние было продумано до мелочей. Он наконец осознал, насколько вопиющим было его согрешение против отца. Теперь он увидел, что отец *всегда* был милостив и добр. И наконец признал, что сам был неправ — это была полностью его вина (и его грех), которая опустила его так низко. Он чистосердечно признался, что недостоин больше ни милости, ни благосклонности.

И тем не менее блудный сын все равно собирался воззвать к великой милости отца: «Придя же в себя, сказал: „Сколько наемников у отца моего избыточествуют хлебом, а я умираю от голода; встану, пойду к отцу моему и скажу ему: отче! я согрешил против неба и пред тобою и уже недостоин называться сыном твоим; прими меня в число наемников твоих"» (Лук. 15:17–19).

Таков был *новый* план, и он был хорош. Вместо того чтобы пытаться уйти от ответственности за свой грех, младший сын решил

> Он во всем признается и отдастся на милость отца. В конце концов, это была его единственная надежда.

честно признать его. Вместо того чтобы бежать дальше, он вернется домой. Он во всем признается и отдастся на милость отца. В конце концов, это была его единственная надежда.

Любовь к себе и греху, которая когда-то так ослепила его, теперь исчезла. Наконец-то он стал видеть все ясно. На фоне всего того бедствия, которое его грех обрушил на него, все, что он когда-то отверг и оставил, стало казаться привлекательным. Он знал, что навсегда лишился законного статуса сына, но даже быть наемным слугой своего отца, несомненно, было бы лучше, чем кормить свиней, зарабатывая на пропитание. К тому же унижение, с которым он мог бы столкнуться, вернувшись домой, не шло ни в какое сравнение с позором жизни среди свиней.

Это простое понимание, которое Иисус дает сердцу и разуму блудного сына, — один из лучших и самых ярких примеров истинного покаяния во всем Писании.

СТОЛКНОВЕНИЕ С РЕАЛЬНОСТЬЮ

Первым важным шагом на пути возвращения блудного сына был честный взгляд на свое положение. Это означало столкнуться со страшной правдой о том, кем он стал, взять на себя ответственность за содеянное, признать всю тяжесть своей вины, признать свою полную беспомощность и обратиться к тому, кто действительно мог помочь.

Здесь в истории снова появляется отец, и очень важно, что его первое возвращение в притчу происходит в сознании блудного сына. Молодой человек наконец вспоминает о своем отце. Это первый признак того, что в его сердце произошли значительные перемены, потому что на этот раз, когда он думает об отце, он не избегает этой мысли. Более того, он находит луч надежды в воспоминаниях о его милости. Сын говорит: «Сколько наемников у отца моего избыточествуют хлебом...» (ст. 17). Даже самые ничтожные из наемных слуг его отца жили лучше, чем сам его сын. Он знал, что не заслуживает даже статуса наемного слуги в отцовском доме, но он также знал, что отец был щедрым, и это заставило его задуматься.

Как это отличалось от первоначального беспечного и неблагодарного отношения мальчика к отцу! С самого начала казалось, что его единственным мотивом было желание уйти как можно дальше. Даже то, что у него закончились средства, не сразу изменило его отношение. Вспомните, когда

этот глупец расстался
со своими деньгами, его
первой реакцией было
наняться на работу
к одному гражданину,
характер которого он,
похоже, сильно недо-
оценил. Тогда не было
и намека на то, что он
думает о своем отце.

> Грех может *обещать* свободу от ответственности и моральных ограничений, но на самом деле он всегда приводит к худшему виду рабства.

Если блудный сын и думал в тот момент о доме и семье, то, похоже, быстро выбросил их из головы. Возможно, он хотел избежать унизительного опыта признания своей неправоты.

В глубине души он также понимал, что у отца были все законные основания относиться к нему скорее сурово, чем милосердно. Очевидно, он все еще держался за иллюзию, что, уклоняясь от ответственности, подотчетности и нравственности, он сможет в конце концов обрести ту свободу, к которой стремился.

Но теперь, оказавшись в одиночестве и беспомощно попав в поистине смертельное рабство, он наконец осознал всю глупость такого образа мыслей. Грех может *обещать* свободу от ответственности и моральных ограничений, но на самом деле он всегда приводит к худшему виду рабства: принудительному смертельному маршу греха (Рим. 6:16). Грешники, попавшие в паутину греха, бессильны выпутаться или избежать разрушения, к которому он приводит. Вот почему план Б блудного сына — его лучшая стратегия по самостоятельному выходу из затруднительного положения — был обречен с самого начала.

Гражданин, к которому он обратился за помощью, по сути, бросил его умирать в поле со свиньями. Те, кто идут с нами по пути греха, всегда непостоянны.

Но когда блудный сын оказался почти в полном одиночестве и у него появилось все время для размышлений, его мысли наконец обратились к отцу. И что особенно запомнилось мальчику, так это доброта и щедрость его отца. У него тоже были наемные слуги — *много* слуг. И у каждого из них хватало хлеба с избытком (ст. 17).

Следующие слова младшего сына очень важны, потому что они точно и ясно выражают, насколько отчаянным было его положение: «...я умираю от голода...» (ст. 17). Суровая честность этого признания обновляет. Это не гипербола. Он буквально умирал от голода. Он скоро погибнет, если останется в таких условиях. Голод и ужас ситуации, очевидно, загнали его в угол, где это было практически все, о чем он мог думать. Но тем не менее важно, что он впервые говорит о том, что ему действительно и искренне *нужно*, а не о том, чего он просто *желает*.

Я убежден, что именно здесь начинается истинное покаяние: с точной оценки собственного состояния. Каждому — от расточительного грешника (как этот молодой человек) до самого придирчивого и высокомерного фарисея — необходимо признать, что греховность, унаследованная нами от Адама, сделала нас духовно нищими. Ни у одного грешника нет средств, чтобы искупить свой грех или преодолеть его власть, удерживающую нас. Наш грех поставил нас в безвыходное положение.

Конечно, напыщенному, уважаемому грешнику признать это гораздо труднее, чем жалкому свинопасу. «Не здоровые имеют нужду во враче, но больные...» (Матф. 9:12). Многие люди остаются в духовной тьме и под осуждением небес, потому что просто отказываются признать, насколько они нуждаются. Именно в такой ситуации находились фарисеи.

В свою очередь, блудный сын уже потерял всякую видимость достоинства и уверенности в себе, которую он когда-то мог сохранять. У него больше не было собственных средств, никто ничего ему не давал, и он даже не мог добыть достаточное количество пищи из корма для свиней. Для него это был конец пути, и он признался в этом.

Простой и честный взгляд на реальность своих обстоятельств — вот что вызвало такую колоссальную перемену в отношении блудного сына к отцу. До этого он не выказывал ни малейшего намека на уважение, привязанность или даже простую благодарность отцу. Теперь же он был вынужден признать, что ему было бы гораздо лучше находиться на самом низком уровне рабства под началом собственного отца, чем далеко на свиных полях, пожиная горькие плоды своей «свободы» и буквально сталкиваясь со смертью в награду за свое глупое стремление к эгоистичным удовольствиям. По глупости он отверг власть отца, когда занимал положение сына. Теперь он был готов вернуться под отцовское руководство в качестве ничтожного наемного слуги. По любым меркам это было бы большим шагом вперед по сравнению с тем, где он находился сейчас. Кроме того, это был единственный выход из сложившейся ситуации.

ЕДИНСТВЕННАЯ НАДЕЖДА: РАЗРЕШЕНО БЫТЬ НАЕМНЫМ СЛУГОЙ

Для блудного сына было удивительно дойти даже до мысли о том, чтобы стать наемным слугой своего отца, и это явный показатель того, что теперь он понял, как низко пал. Греческое слово, переведенное в этом стихе как «наемник», — misthios. Оно относится к поденщикам — самым низкооплачиваемым из всех работников. В культуре первого века такой наемный слуга занимал гораздо более низкое положение, чем раб. Рабам предоставляли жилые помещения, одежду и все необходимое для жизни. Доверенным рабам даже могли поручать важные дела, и они получали вознаграждение, если хорошо служили (Матф. 25:14–25). Многие домашние слуги (особенно в больших поместьях) были образованными, культурными, благородными, высококвалифицированными людьми, чей статус был отнюдь не низким. Неемия, служивший виночерпием у персидского царя (Неем. 1:11), — библейский пример раба, который пользовался почетом и преимуществами.

О том, что некоторые рабы жили в относительном комфорте, можно судить по руинам древних Помпей — курортного города, состоявшего в основном из домов, которые принадлежали богатым римским гражданам. Весь город сохранился в почти первозданном виде под пеплом, образовавшимся в результате катастрофического извержения Везувия в 79 году нашей эры. Таким образом, Помпеи дают нам яркое представление о том, какой была жизнь в первом веке. Мне посчастливилось несколько раз гулять по городу и заходить в некоторые дома. Конечно, типичные условия жизни домашнего слуги обычно представляли собой самые спартанские комнаты в поместьях. Но все потребности слуг были удовлетворены, и они жили в относительном комфорте. В некоторых случаях они даже наслаждались роскошью.

Напротив, поденщики были самыми отчаянно бедными членами общества. В отличие от рабов, у них не было хозяина, который постоянно заботился бы о них. Они были предоставлены сами себе и жили как могли на то, что удавалось зарабатывать изо дня в день. Многие из них были бездомными и неквалифицированными. Поэтому им доставалась самая рутинная или нежеланная работа. Обычно их нанимали для временного ручного труда (например, в сезон сбора урожая; ср. Матф. 20:1–16).

Им платили очень скудную зарплату. Как правило, ее размер определяли в начале рабочего дня, но не всегда (ст. 13–15). Стандартной платой был динарий за полный день работы, но фактическая сумма зависела от того, кто их нанимал. Сами работники не имели права вести переговоры. Опыт блудного сына в качестве свинопаса показывает, насколько тяжелой могла быть жизнь работников, оказавшихся на нижней ступени экономической лестницы. Обычно оттуда просто не было пути наверх.

Поэтому наемные слуги были самыми бедными из бедных. Но в ветхозаветном законе было положение, которое защищало наемных слуг: «Плата наемнику не должна оставаться у тебя до утра» (Лев. 19:13). Тот, кто нанимал поденщика, должен был выплатить ему зарплату в тот же день. Поскольку таким работникам требовалось все, что они могли заработать, чтобы просто перебиваться изо дня в день, считалось несправедливым задерживать их зарплату до назначенного дня в конце недели или даже в конце месяца. Как показал опыт самого блудного сына, не все платили подсобным рабочим достаточно для жизни, а за пределами Израиля (где Левит 19:13 не применялся) они могли получать зарплату несвоевременно.

Но блудный сын помнил, что его отец платил даже самым простым из своих наемных слуг более чем достаточно. У поденщиков, которые служили его отцу, оставалась еда. Это подтверждает то, что мы уже заметили о характере отца. Он был щедрым, добрым и сострадательным. Он постоянно проявлял доброту к людям, делая не только то, что требовал ветхозаветный закон и общественные обычаи, но даже больше.

Сын окончательно осознал эту реальность. Оказавшись в поистине сложном положении, он вдруг понял, что отец вовсе не был черствым. Его отец не был даже равнодушным. Он был добрым, щедрым, хорошим и милосердным.

НОВЫЙ ВЗГЛЯД

Мы снова вспоминаем, что блудный сын вдруг увидел *все* в новом свете и осознал некоторые важнейшие истины, на которые раньше не обращал внимания. Живя все эти годы с поверхностным, материалистическим, эгоцентричным мировоззрением, он, очевидно, даже не замечал и не задумывался о том, что его отец так хорошо относится к наемным работникам.

Раньше он никогда по-настоящему не ценил своего отца. Но ощущение реальности заставило его взглянуть на все по-новому. Во всех своих путешествиях и общении с людьми, разделявшими его мирские ценности, он никогда не встречал такого доброго и щедрого человека, как его отец.

Стремление к удовольствиям просто не располагает к таким ценностям, как сострадание, щедрость и доброта. Это суровая правда жизни в реальном мире — даже по сей день.

Сторонний наблюдатель может подумать: «Минуточку. Этот юноша полностью опозорил и обесчестил своего отца в глазах его деревни. Было бы глупо полагать, что он может рассчитывать на милость отца. Кому какое дело до того, что отец — добрый человек? Он должен быть в ярости от своего своенравного сына. Отец был опозорен собственным сыном, и опозорил сам себя, уступив его первоначальным требованиям. Вот возможность восстановить честь, сурово наказав мальчика». Нет сомнений, что фарисеи думали именно так. Они бы точно не стали проявлять милосердие к этому своенравному юноше.

Но блудный сын знал своего отца лучше. Похоже, он почти не боялся, что тот будет мстить ему. Он знал, что его отец милосерден, даже если раньше никогда не задумывался об этом. И вот теперь, когда у него не осталось другого варианта, он наконец-то был готов вернуться домой.

> Теперь, когда у него не осталось другого варианта, он наконец-то был готов вернуться домой.

Такова природа покаяния, как оно описано в Библии. В Новом Завете «покаяние» передается греческим словом metanoia, и его буквальное значение говорит о перемене ума — повороте в мышлении. Но то, как это выражение используется в Писании, ясно показывает, что покаяние — это нечто большее, чем простое или поверхностное изменение мнения о чем-то. Оно подразумевает совершенно новый взгляд на жизнь — фундаментальное изменение мировоззрения.

Иногда богословы спорят о том, говорит ли покаяние о перемене отношения к Богу, о сознательном отказе от греха или (как я слышал от одного известного учителя) о простом изменении убеждений о том, кто такой Иисус на самом деле. В действительности подлинное покаяние включает в себя *все* эти вещи. Это не банальная или временная смена настроения, а мощный разворот, который сокрушает душу, меняет жизнь и отношение. Это плод Божьей возрождающей работы, которую Писание изображает как дарование совершенно нового сердца и духа (Иез. 11:19–20).

Свидетельство подлинного раскаяния можно увидеть в первых мыслях блудного сына после того, как он наконец пришел в себя. Эти мысли — ростки, которые со временем принесут обильные плоды, если посажены в хорошую почву. Сердце блудного сына, теперь опустошенное тяжелыми последствиями его греха, очевидно, было хорошей почвой. Обратите внимание, что его отношение к отцу стало другим. Его готовность признать свой грех была совершенно иной. Его намерения обновились.

Он заметно изменился изнутри.

Поэтому он наконец-то смирился, признал свой ужасный грех, свой позор, предстал перед отцом, против которого он так тяжко согрешил, и вернулся в общество, где так опозорил свое имя.

РЕАКЦИЯ НА ИЗМЕНЕНИЕ СЕРДЦА БЛУДНОГО СЫНА

Эта притча, как мы уже видели, была создана специально для аграрной культуры Ближнего Востока. Слушатели Иисуса хорошо понимали образы и знали, что блудный сын попал в такую передрягу, из которой, казалось, нет земного выхода. Поэтому все они были глубоко тронуты изменением сердца блудного сына — хотя и по-разному.

С одной стороны, те, кто понимал дилемму юноши и отождествлял себя с ним, — люди, которые тоже были больны грехом, унывали и жаждали выбраться из свинарника, в который превратилась их жизнь, — нашли в его обращении луч надежды. Они с интересом следили за тем, обретет ли блудный сын искупление. Или он уже безнадежно прошел точку невозврата? Иисус намеренно выстроил сюжет так, чтобы это вполне могло выглядеть подобным образом.

С другой стороны, те, кто воспринимал эту историю через призму фарисейского мировоззрения, уже полностью списали мальчика со счетов. По их мнению, из позора и деградации, в которые он погрузился, просто не было пути назад. Такой грех, с их точки зрения, был настолько оскверняющим, что практически был непростительным. В конце концов, именно по этой причине они возражали против привычки Иисуса служить мытарям и другим отверженным. Если кто-то из фарисеев и верил, что существует хотя бы намек на то, что блудный сын может обрести прощение, то они были уверены, что оно может прийти только после долгого, тяжелого труда и покаяния, чтобы *заслужить* помилование своего отца.

Скорее всего, это было общее убеждение всех, кто слушал Иисуса, когда Он рассказывал эту притчу. От самых набожных фарисеев до самых отчаянных грешников (особенно тех, кто надеялся найти какое-то избавление для себя) почти все слушатели Иисуса разделяли одно общее предположение: если у блудного сына была хоть какая-то надежда на искупление, то она заключалась в том, чтобы всю жизнь упорно трудиться ради искупления своих проступков.

> Почти все слушатели Иисуса разделяли одно общее предположение: если у блудного сына была хоть какая-то надежда на искупление, то она заключалась в том, чтобы всю жизнь упорно трудиться ради искупления своих проступков.

Другими словами, все слушатели Иисуса интуитивно понимали план действий блудного сына. Он думал так, как думал бы любой человек в той культуре. Честь семьи была очень серьезным вопросом, и тот, кто так опозорил своего отца, откровенно говоря, заслуживал того, чтобы с ним обращались как с покойником — отрекались, забывали, отрицали само его существование.

Все прекрасно понимали, что если сын действительно раскается, то ему придется приползти к отцу нищим. Он должен будет искренне сожалеть о содеянном, испытать жестокое унижение и презрение, взять на себя весь тот публичный позор, которому он подверг свою семью, и сделать все возможное, чтобы возместить ущерб. В той культуре, где честь и позор значили очень много, такие вещи считались очевидными. Это был единственный способ восстановить честь отца. Это был единственный способ вернуть сыну хоть каплю достоинства. Именно это и нужно было сделать мальчику, и именно так он и собирался поступить.

Он был готов. Он был сломлен. Он был одинок. Он был подавлен. Он раскаивался. Он верил в своего отца.

По сути, это замечательная картина покаяния, сопровождающего спасение, — потому что покаяние блудного сына неразрывно связано с верой в отца. Он уповает на милосердие своего отца. Поэтому покаяние возвращает сердце и мысли сына к отцу, а не отправляет его бежать еще дальше. Именно в этом заключается разница между простым сожалением и подлинным спасительным покаянием.

ПРОДУМАТЬ ВСЕ ДО МЕЛОЧЕЙ

Подлинное покаяние — это не просто изменение ума или интеллектуальное упражнение, оно всегда проявляется в сокрушении воли грешника. Грешник, который отчаянно пытался спрятаться от Бога, теперь старательно ищет Его. Без этого качества все сожаления в мире — лишь бессмысленные угрызения совести.

> Подлинное покаяние — это не просто изменение ума или интеллектуальное упражнение, оно всегда проявляется в сокрушении воли грешника.

Вспомните, например, что Исав сожалел о том, что продал свое первородство, и горько плакал, умоляя вернуть его (Евр. 12:17). Это не было подлинным покаянием. Иуда признал, что его предательство было ошибочным, вернул деньги, полученные за предательство Христа, затем вышел и повесился (Матф. 27:3–5). Это тоже не было настоящим покаянием.

Давид же в Псалме 50 прямо обратился к Богу с мольбой: «Не отвергни меня от лица Твоего и Духа Твоего Святого не отними от меня» (ст. 13).

Д. Мартин Ллойд-Джонс, комментируя этот отрывок, писал:

> Я без колебаний утверждаю, что это, пожалуй, самый тонкий способ проверить, покаялись ли мы и где мы находимся: наше отношение к Богу. Замечали ли вы это в псалме? Тот, против кого Давид согрешил, — Бог, и в то же время тот, кого он желает больше всего, — Бог. В этом разница между угрызениями совести и покаянием. Человек, который не раскаялся, а только испытывает угрызения совести, когда понимает, что сделал что-то против Бога, избегает Его. <…> Человек, с которым не имел дела Дух Божий, который не был убежден и осужден, старается уйти от Бога, избежать Его любой ценой. Он не размышляет, не читает Библию, не молится; он делает все возможное, чтобы не думать об этих вещах. Но самое удивительное в человеке, которого Святой Дух осудил за грех, заключается в том, что, хотя он знает, что согрешил против Бога, он желает именно Бога: «Будь милостив ко мне, Боже». Он хочет быть с Богом — таков особый парадокс покаяния: желать Того, Кого я обидел![9]

[9] D. Martyn Lloyd-Jones, Out of the Depths (Wheaton: Crossway, 1995), 57–58.

Именно так происходит покаяние. Прежде всего грешник приходит в себя. Он начинает смотреть на реальность и оценивать, где он находится. Он понимает, что неизбежно движется к смерти, разрушению и вечному проклятию. Он не может продолжать идти в том же направлении, поэтому обращается к Отцу, Которого обесчестил. Проведя всю жизнь в укрытии, он теперь хочет быть только в присутствии Отца. Поэтому он готов признать свою вину и понести за нее позор. Он готов сделать все возможное, чтобы почтить Того, Кого он так обесчестил.

Но что-то *также* подсказывает ему, что он может уповать на милость, прощение и любовь Отца — и найти определенную меру принятия. Это другая сторона истинного покаяния, и в этом заключается суть спасающей веры.

Последующее покаяние блудного сына подразумевало унижение, стыд и даже позор. Это свойственно любому покаянию. Но это не имеет значения для тех, кто действительно раскаивается.

Свидетельство этого духа можно увидеть в самообвинении блудного сына, когда он планировал свое возвращение: «Я согрешил против неба и пред тобою...» (Лук. 15:18). Греческое выражение буквально означает, что он согрешил «*на* небо». Это, возможно, говорит о том, что он воспринимал свои грехи как огромную гору вины, возносящуюся к небесам.

Это может быть отголоском Книги Ездры 9:6: «Боже мой! Стыжусь и боюсь поднять лицо мое к Тебе, Боже мой, потому что беззакония наши стали выше головы, и вина наша возросла до небес». Он ничего не скрывал. Это было настоящее покаяние, о чем свидетельствовало такое полное самоотречение. Вся его жизнь была сплошной катастрофой, и теперь, перед лицом смерти и не виня никого, кроме себя, он отрекался от всего этого. Вот что значит самоотречение, к которому призывал Иисус: «Если кто хочет идти за Мною, отвергнись себя...» (Лук. 9:23).

Вопрос о том, идти ему домой или нет, не стоял. Он дошел до той точки, когда единственным способом выжить было вернуться к отцу, которого он отверг. Теперь он думал только о том, *как* это сделать.

Мне нравится, как блудный сын репетировал, как лучше выразить свое покаяние. Это доказывает, что, когда он *сказал*, что берет на себя ответственность за свои проступки, он имел в виду именно это. Он все тщательно обдумал. У него не было никаких ожиданий, он не просил привилегий и не выдвигал никаких требований. Он не обсуждал условия капитуляции. Он полностью и безоговорочно отказался от всех своих прав. Он просто признал свой грех, отдался на милость отца и умолял, чтобы его сделали наименьшим из слуг.

Неужели он действительно думал, что сможет законным путем вернуть расположение отца? Независимо от того, думал он так или нет, ему нужно было *попытаться*. Именно так учила людей рассуждать религиозная культура времен Иисуса. Конечно, он надеялся на милость. Но он был *готов* сделать все, что в его силах, чтобы возместить ущерб.

Он оказался в той же ситуации, что и слуга из притчи в Евангелии от Матфея 18:22–35, который задолжал «десять тысяч талантов» (ст. 24) — непостижимую сумму, намного превышающую государственный долг страны размером с Израиль в те дни. (Сколько же это было? В 4 Книге Царств 18:14 Сеннахирим потребовал от царя Езекии дань в размере «тридцати талантов золота». По самым приблизительным подсчетам, тридцать талантов, вероятно, равнялись примерно семидесяти фунтам золота. Таким образом, десять тысяч талантов составляли более 11,6 тонны золота!) Это был огромный личный долг, на оплату которого ни один слуга не смог бы заработать своим трудом. И все же слуга просил разрешения попробовать. Он пал ниц перед хозяином и умолял: «Государь! Потерпи на мне, и все тебе заплачу» (Матф. 18:26). И государь смилостивился и просто простил его.

Блудный сын был в похожем положении. Он никак не мог полностью искупить свою вину. Но тем не менее он был готов пожертвовать всем и до конца своей жизни делать все, что в его силах.

Фарисеи и практически все остальные в толпе прекрасно понимали, о чем думает юноша. Именно это ему и *нужно* было сделать. Учение фарисеев было основано на идее, что божественную благосклонность можно заслужить трудом. Блудный сын раскаялся и доверился своему отцу настолько, что вернулся домой. Но, по мнению фарисеев, этого было недостаточно. Ему еще нужно было заслужить расположение отца. Это чисто фарисейская теология. (Этому же, по сути, учат все рукотворные религии в мире.)

> Они не могли представить себе настолько великую милость, чтобы Отец даровал полное прощение и мгновенное примирение еще до того, как грешник совершит хоть одно дело.

Большинство слушателей Иисуса тоже мыслили в подобных терминах. Если они вообще думали о роли Бога в искуплении, то рассматривали Его благодать лишь как милосердное дополнение к тем усилиям грешника, которые он сам может приложить, чтобы добиться благосклонности. Они не могли представить себе настолько великую милость, чтобы Отец даровал полное прощение и мгновенное примирение еще до того, как грешник совершит хоть одно дело. Притча Иисуса должна была перевернуть все их мировоззрение.

ИСПОЛНЕНИЕ ПЛАНА

Искренность покаяния блудного сына подтверждается тем, что он выполнил то, что обещал себе сделать. «Встал и пошел к отцу своему» (Лук. 15:20). Его планы не были похожи на полусерьезное новогоднее обещание, которое он сдерживал бы лишь до тех пор, пока было удобно. Его «я сделаю...» было истинным выражением совершенно новых намерений. Очевидно, что он выполнил свое обещание сразу же, без колебаний. Это еще одно отличие подлинного раскаяния от простого сожаления.

Блудному сыну недостаточно было сказать: «Я согрешил» (и просто погрязнуть в собственном отчаянии) и остаться в далекой стране. Он должен был пойти к своему отцу и признаться в этом непосредственно тому, кого обидел. Это было окончательное доказательство того, что его покаяние было искренним, и его обстоятельства не изменятся, пока он не сделает этот шаг.

Таким образом, блудный сын, используя все возможные средства, вернулся из далекой страны. О том, *как* он преодолел этот путь, ничего не говорится. Этот аспект истории незначителен. Но стоит ненадолго задуматься о том, что путь блудного сына домой был совершенно иным и в тысячу раз более трудным, чем его первоначальное путешествие в дальнюю страну. На этот раз он лишился всяких средств, его энергия иссякла, сердце было разбито, у него не осталось друзей, и он оказался на грани голодной смерти. Это было нелегкое возвращение.

Но младший сын преданно продолжал исполнять свое покаяние. Мы знаем это потому, что, когда он пришел домой и отец встретил его, он сразу же начал дословно излагать исповедь, которую отрепетировал. Эти слова отражают то, что действительно было у него на сердце. Это не было полусерьезным представлением, придуманным для того, чтобы обмануть отца. Это было глубокое, подлинное, искреннее покаяние.

Кроме того, он пришел напрямую к отцу, а не к посреднику. Ему не нужен был посредник. Опять же, он не вел переговоры об условиях капитуляции. Он не собирался притворяться, что в его провале частично виноват отец, а затем

> Подумайте вот о чем: из всех беззаконий, которым потворствовал блудный сын, один грех имел наибольший потенциал для зла — это огромное расстояние, разделявшее его с отцом.

относиться к этому вопросу как к личному спору, который нужно разрешить с помощью вмешательства, судебного разбирательства или посредничества. Он без всяких условий и оговорок признал, что обидел отца, а затем отдался на его милость.

Подумайте вот о чем: из всех беззаконий, которым потворствовал блудный сын, один грех имел наибольший потенциал для зла — это огромное расстояние, разделявшее его с отцом. Юноша был полон решимости исправить этот проступок в первую очередь. Все остальное придет в свое время.

Теперь он действительно видел все более ясно. Нет смысла тянуть с этим. Не нужно больше размышлять над планом. Наступило время действовать. «Встал и пошел к отцу своему» (ст. 20).

Блудный сын наконец-то отправился домой.

ЧАСТЬ 3

ОТЕЦ

Встал и пошел к отцу своему. И когда он был еще далеко, увидел его отец его и сжалился; и, побежав, пал ему на шею и целовал его. Сын же сказал ему: «Отче! Я согрешил против неба и пред тобою и уже недостоин называться сыном твоим». А отец сказал рабам своим: «Принесите лучшую одежду и оденьте его, и дайте перстень на руку его и обувь на ноги; и приведите откормленного теленка, и заколите; станем есть и веселиться! Ибо этот сын мой был мертв и ожил, пропадал и нашелся». И начали веселиться.

Луки 15:20–24

ГЛАВА 7
ПРОЩЕНИЕ

И когда он был еще далеко, увидел его
отец его и сжалился; и, побежав, пал
ему на шею и целовал его.
— Луки 15:20

Книжники и фарисеи, конечно же, ожидали, что отец блудного сына обрушит на своенравного юношу жестокий удар. В конце концов, честь отца была опорочена бунтом сына, а сам отец навлек на себя еще больший позор своим снисходительным отношением к мальчику в самом начале. Остается надеяться, что отец усвоил урок еще более ценный, чем та практическая мудрость, которую блудный сын извлек из своего опыта. Любой родитель, заботящийся о чести своего имени и репутации семьи, теперь позаботился бы о том, чтобы такой мальчик получил по заслугам за все свои проступки, верно?

Имейте в виду, что Иисус рассказывал эту притчу в основном для книжников и фарисеев. Слушая историю, наполненную стыдом, шоком и удивлением, они тем не менее были на одной стороне с Ним. До этого момента. Да, они были сильно удивлены и даже скептически отнеслись к части о покаянии блудного сына. Но они, безусловно, одобрили план действий мальчика: вернуться домой, смириться, признать свои ошибки, отказаться от всех прав на свое положение сына и работать наемным слугой в роли изгоя, восстанавливая справедливость. Все это, по их мнению, нужно было сделать заблудшему юноше. *Наконец-то в этой истории появился здравый смысл!*

ТОЧКА ЗРЕНИЯ ФАРИСЕЕВ

Грубая непристойность поведения блудного сына в раннем возрасте оставалась серьезной, почти непроходимой преградой, которая мешала фарисеям проявить к нему хоть какое-то сочувствие или сострадание. Они просто не могли слышать о таком постыдном поведении, не будучи демонстративно и окончательно оскорбленными. Их мировоззрение требовало этого. Сама мысль о подобном грехе была для них настолько отвратительна, что они считали его непростительным. В конце концов, их внешний облик, который они так тщательно поддерживали, был создан для того, чтобы проявлять презрение ко всему, что воплощалось в самоосквернении блудного сына: бунтарству, мирской жизни и другим открытым формам неправильного поведения. Для фарисеев, даже если кто-то из таких людей выражал хоть какое-то раскаяние, это было поводом для презрения. В их богословии не было места для милости к такому грешнику.

Поэтому теперь, когда мальчик возвращался домой, фарисеи ожидали, что он получит по заслугам. Вопрос заключался лишь в том, как и насколько сурово отец накажет мальчика, чтобы спасти свою честь и пристыдить сына так, как он того заслуживал. Именно эта часть истории больше всего привлекала их законнические умы. Теперь они были увлечены.

В одном они были уверены: *мгновенного* прощения быть не может. Вряд ли блудный сын когда-либо заслужит *полное* примирение с отцом. Если бунтарь захотел вернуться домой, ему придется сполна заплатить за содеянное.

По мнению фарисеев, в лучшем случае наказанного сына исключат из общения в семье. Возможно, он будет жить как изгой на окраине отцовского поместья, неся бесполезное бремя попыток вернуть долг отцу до конца жизни. Пожалуй, это было бы в высшей степени милосердно, особенно по сравнению с тем, чего требовала справедливость (Втор. 28:18–21).

При таком раскладе мальчик мог бы получать приличное жалованье и даже иметь постоянное место жительства среди слуг — гарантию занятости и приемлемую зарплату. Ему больше не грозила бы ежедневно голодная смерть. Но на этом все. Никаких привилегий. Он не только никогда больше не сможет стать сыном, но и вообще не будет иметь никакого статуса. Да и зачем ему это? *Он* отказался от своего наследия и решил жить как язычник. Поступив так, он навсегда лишился всех прав, которые принадлежали ему в семье отца. Он не мог больше иметь никакой доли в отцовском имуществе. В конце концов, он уже получил все свое наследство, продал его за гораздо меньшую сумму и растратил впустую. Помните, если бы отец следовал общественным традициям, он бы уже окончательно оформил отказ блудного сына от своей семьи, устроив похороны мальчика вскоре после его ухода из дома.

Так что, с точки зрения фарисеев, блудный сын уже был мертв для своего отца. Он мог бы считать себя счастливчиком, если бы отец согласился нанять его в качестве простого рабочего. Это было все, чего требовало милосердие, и это был лучший вариант, на который мог надеяться раскаявшийся сын. Но ему все равно пришлось бы всю жизнь заниматься тяжелым трудом в роли наемного слуги. Именно так и следовало поступать в подобных случаях.

То, что произошло дальше, стало настоящим потрясением для мировоззрения фарисеев. Их глаза закатились, а головы затряслись от шока и возмущения приемом, который оказал отец блудному сыну.

ТО, ЧЕГО ВСЕ ОЖИДАЛИ

Когда блудный сын приближался к отчему дому, реальность и серьезность его положения, должно быть, занимали все его мысли. Его жизнь теперь полностью зависела от милости отца. Без отцовских средств у него не было бы никакой надежды. Все остальные в деревне, конечно, стали бы презирать его; люди *должны* были так поступать, чтобы защитить свою честь. Таким образом, блудный сын висел на волоске между жизнью и смертью, и, если бы отец отверг его, он был бы обречен. В той культуре никто даже не подумал бы принять юношу, если бы его собственный отец объявил его изгоем. Поэтому *все* зависело от реакции отца.

Приближаясь к дому, блудный сын, должно быть, десятки, а может быть, и сотни раз повторял свою просьбу: «Отче!

Я согрешил против неба и пред тобою и уже недостоин называться сыном твоим; прими меня в число наемников твоих» (Лук. 15:18–19).

Возможно, ему было интересно, как эта просьба прозвучит для здравомыслящих людей. *Не было ли это возмутительным для него — просить милости у отца? Неужели он просил слишком многого?* Так мог бы чувствовать себя типичный человек той культуры. Фарисеи, несомненно, видели это именно так. Совесть блудного сына мучила его, напоминая обо всех глупых и злых поступках, которые он совершил, обесчестив своего отца. Кто он такой, чтобы просить о помощи сейчас — тем более что ему и так много дали, а он растратил все это, и поэтому у него не осталось ничего действительно ценного, что он мог бы предложить в обмен на доброту отца? Что, если отец воспримет его мольбу о милосердии как очередную возмутительную просьбу и навсегда отвергнет его?

Все его будущее теперь полностью зависело от милости отца.

В этой культуре чести, особенно в подобной ситуации, не было бы ничего необычного, если бы отец просто отказался встретиться с мальчиком лицом к лицу. Даже если бы отец склонялся к тому, чтобы дать раскаявшемуся сыну аудиенцию, было бы довольно типично наказать его, устроив публичное зрелище его позора. Например, отец в таких обстоятельствах мог заставить сына сидеть в течение нескольких дней за воротами на виду у всех, давая ему возможность почувствовать на себе то бесчестье, которое он навлек на собственную семью. Мальчик остался бы совершенно беззащитным перед воздействием стихий и, что еще хуже, перед насмешками всего общества.

Видите ли, в обычной деревне, где каждый знал друг друга, значение такого жеста со стороны отца было бы мгновенно понято всеми. Если бы отец отказал собственному сыну в немедленной встрече лицом к лицу и заставил его вместо этого сидеть на общественной площади, вся деревня презирала бы мальчика — высмеивала и словесно оскорбляла его и, возможно, даже плевала на него. Менее привилегированные люди в общине из кожи вон лезли бы, чтобы показать свое презрение к мальчику, который был одарен всеми благами, но отказался от них. Никакое оскорбление не было бы слишком большим, чтобы обрушиться на его голову. Ему пришлось бы просто сидеть и терпеливо ждать.

Это может показаться суровым, но вспомните: наказание, предусмотренное законом Моисея для такого непокорного сына, — смерть через публичное побивание камнями. Закон предписывал: «...все жители города его пусть побьют его камнями до смерти; и так истреби зло из среды себя...» (Втор. 21:21). Таким образом, публичное унижение вместо побивания камнями было милостью, которой мальчик не заслуживал. А в той культуре, где честь и стыд значили так много, глубокое презрение общества к поведению этого мальчика требовало какого-то выражения.

Скорее всего, именно такого обращения ожидал блудный сын. Это была плата за возвращение в деревню, из которой он сбежал. Это был лишь один из этапов долгого наказания, которое ему предстояло пережить. Если блудный сын подсчитал цену покаяния, такое обращение не могло застать его врасплох. По обычаям той культуры, став причиной такого страшного позора, он теперь *должен* был быть опозорен всеми остальными — это было неотъемлемой частью справедливого возмездия, которого он заслуживал. Он сделал себя изгоем и теперь должен был ожидать, что с ним будут обходиться так же.

После нескольких дней такого ожидания, если отец все же решит дать ему аудиенцию — при условии, что он будет готов проявить милосердие к раскаявшемуся бунтарю, — сын должен будет низко поклониться и поцеловать ноги отца. Никаких объятий. Не подобает даже встать и поцеловать его руку. Единственное правильное поведение для такого сына — пасть ниц перед отцом, которого он опозорил.

Отец, скорее всего, встретит его с холодным безразличием. Чтобы сохранить лицо, отец должен будет подойти к соглашению формально, как к деловой сделке, не проявляя к мальчику никакой открытой привязанности или нежности. Не нужно будет вести никаких переговоров; отец просто изложит условия найма — расскажет, что требуется от мальчика, какой труд ему поручат и как долго он должен проработать, прежде чем получит хоть малейшие привилегии.

ВЕТХОЗАВЕТНАЯ ПАРАЛЛЕЛЬ: ИОСИФ И ЕГО БРАТЬЯ

Интересное сходство с этой ситуацией мы видим в ветхозаветном рассказе о примирении Иосифа со своими братьями. Эта история должна быть знакома многим: братья продали Иосифа в рабство, а он, несмотря на все мыслимые испытания и неудачи, стал вторым по влиятельности человеком в Египте.

Спустя годы, когда братья были вынуждены из-за голода отправиться в Египет в поисках помощи, они встретили

Иосифа, не догадываясь, кто он такой. Поначалу (пока он не узнал от них о местонахождении их отца и младшего брата) Иосиф вел себя с ними сурово, даже угрожающе. Конечно, у него не было намерения причинить им вред. Но чтобы добиться от них сотрудничества и полной откровенности — и, возможно, чтобы узнать, раскаиваются ли они хоть немного в своем грехе против него, — Иосиф умело воспользовался своим авторитетом. Он заставил братьев попотеть (кажется, в течение семи дней или недель), пока не был готов открыть, кто он такой, и заверить братьев в своем прощении.

Конечно, Иосиф не обязан был оказывать братьям такую милость, и у него было полное право наказать их за то, что они с ним сделали. Они тоже это знали. Даже после того, как Иосиф открыл им свое истинное лицо и приветствовал их со слезами, они все равно боялись его. Когда их отец, Иаков, умер, они подумали, что Иосиф решит отомстить. Поэтому они сказали, что готовы быть его слугами (Быт. 50:18). Тогда Иосиф дал понять, что полностью и безоговорочно простил их.

Но прощение Иосифа по отношению к своим братьям было необыкновенным, сверхъестественным, единственным в своем роде поступком одного из самых известных деятелей в истории Израиля. Никто не ожидал ничего подобного от отца блудного сына — ни сам блудный сын, ни жители деревни, ни его старший брат, ни слушатели Иисуса, ни, конечно, фарисеи.

КАК ИЗМЕНИЛСЯ СЮЖЕТ

Здесь притча Иисуса вдруг приняла другой драматический и неожиданный оборот. Отец не просто готов был оказать милость в обмен на обещание всю жизнь служить, но *желал* простить безвозмездно, полностью, при первых же признаках покаяния: «И когда он был еще далеко, увидел его отец его и сжалился; и, побежав, пал ему на шею и целовал его» (Лук. 15:20).

Очевидно, что отец усердно ожидал возвращения блудного сына. Как иначе он мог увидеть его, когда тот был еще далеко? Мы можем с уверенностью предположить, что отец неустанно глядел вдаль, осматривая горизонт ежедневно и неоднократно в поисках признаков возвращения мальчика. И делал он это уже давно — вероятно, задолго до того, как прошло первое потрясение от ухода юноши.

Безусловно, душевная боль еще не утихла, потому что отец все еще наблюдал за происходящим. И он продолжал наблюдать ежедневно, с разбитым сердцем, но с надеждой, втайне перенося невыразимую боль от любви к сыну. Он точно знал, что та жизнь, к которой шел его сын, закончится именно так. Он отчаянно надеялся, что мальчик выживет и вернется домой. Поэтому все свободное время он проводил в ожидании. Наверное, он уходил на самую высокую точку своего участка — возможно, на башню или крышу — и в минуты покоя обозревал горизонт, молился о благополучном возвращении мальчика и размышлял о том, что будет, когда блудный сын вернется. Такой отец наверняка прокручивал в голове этот сценарий бесчисленное количество раз.

Уже рассвело, когда отец наконец заметил своенравного мальчика (мы знаем это, потому что только так он мог увидеть его, когда тот «был еще далеко»). Это означало, что в центре деревни было полно народа. На рынки приходило много покупателей, женщин с детьми и пожилых людей, которые сидели на площади и наблюдали за кипучей деятельностью. Как только сын приблизится к деревне, кто-нибудь, несомненно, узнает его и выкрикнет новость о его возвращении. Кто-то другой, скорее всего, побежит рассказать об этом отцу.

Почему же отец смотрел? И почему он побежал к сыну, а не ждал, пока тот подойдет к нему? Во-первых, и наиболее очевидно, что отец действительно стремился к прощению и примирению со своим сыном. В этом отношении притча перекликается с двумя предыдущими, в которых пастух усердно искал заблудшую овцу, а женщина взволнованно искала потерянную монету. В каждом из этих образов Христос предстает как верный Искатель. Он автор и инициатор нашего спасения. Он ищет и привлекает к Себе грешников еще до того, как им придет в голову искать Его. Он всегда делает все первым. Он Сам платит искупительную цену. Он призывает, оправдывает, спасает и, наконец, прославляет каждого верующего грешника (Рим. 8:30). Каждый аспект нашего спасения — это Его милостивая работа.

> Отец действительно стремился к прощению и примирению со своим сыном.

Образ отца, бегущего навстречу блудному сыну, еще больше наполняет деталями общую картину. Он иллюстрирует истину о том, что Бог медлен на гнев и скор на прощение. Он не хочет смерти нечестивцев, но с желанием, готовностью и даже *радостью* спасает грешников.

О ЧЕМ ДУМАЛ ОТЕЦ?

Однако здесь действует и второй важный фактор. Отец явно хотел встретиться с блудным сыном до того, как мальчик доберется до деревни, — видимо, чтобы защитить его от потока презрения и ругани, которые он непременно получит, если пройдет через деревню, не примирившись с отцом. Отец сам принял бы на себя позор и оскорбления.

И можете не сомневаться: в контексте той культуры поступок отца (подбежать к мальчику и обнять его еще до того, как он пришел домой) считался постыдным нарушением приличий. С точки зрения книжников и фарисеев, это лишь усугубляло позор отца. Во-первых, благородные люди в той культуре не бегали. Это было уделом маленьких мальчиков и слуг. Взрослые мужчины не бегали — особенно мужчины достойные и важные. Они ходили величественно, медленно, размеренным шагом. Но Иисус говорит: «...отец его... *побежав...*» (ст. 20). Он не послал вперед слугу или гонца, чтобы перехватить сына. И дело не только в том, что он ускорил шаг. *Он сам побежал.* В тексте используется слово, означающее бег, как будто отец участвовал в спортивном состязании. Он подобрал подол своей одежды и бросился бежать в самом недостойном виде.

Образ уважаемого, богатого и благородного человека, такого как этот бегущий, кажется настолько неуместным в ближневосточной культуре, что переводчики Библии на арабский язык традиционно неохотно передают эту фразу, прибегая к эвфемизму вроде «он поспешил» или «он явился». Кеннет Э. Бейли, евангельский библейский комментатор, живший на Ближнем Востоке и тщательно изучавший язык и культуру этой страны, писал:

> Нежелание арабских переводов позволить отцу бежать поражает. На протяжении тысячи лет использовали целый

ряд подобных фраз (почти как если бы существовал заговор), чтобы не допустить позорной правды текста — отец *бежал!* Объяснение всему этому простое. Традиция отождествляла отца с Богом, а бегать на публике — слишком унизительно, чтобы приписывать это действие человеку, который символизирует Бога. Только в 1860 году, с появлением арабской Библии Бустани-Ван Дейка, отец предстает бегущим. Мне доступны рабочие листы переводчиков, но даже в этой замечательной версии первоначально греческое выражение было передано как «он поспешил», и только на втором этапе перевода появилось «ракада» («он побежал»). В Притчах 19:2 сказано: «Кто спешит ногами своими, тот грешит» (мой перевод). Отец олицетворяет Бога. Как он может *бежать?* Он бежит [10].

Отец смиряет себя, хотя это должен был делать блудный сын.

Большинство из нас сегодня восприняли бы эту сцену, когда отец побежал обнимать сына, как самую трогательную, нежную в притче. Фарисеи, конечно, так не считали. Да и обычный слушатель Иисуса вряд ли принял это как должное и восхитился состраданием отца. Это было возмутительно. Это было шокирующе. Для них это было даже более оскорбительно, чем грехи блудного сына.

Но отец тем не менее был готов к тому, что жители деревни будут перешептываться между собой: «Что он себе позволяет? Этот мальчик воспользовался своим отцом и ужасно согрешил против него. Мальчик должен стать изгоем. Однако этот человек, которого не уважал его собственный сын, теперь еще

---

[10] Kenneth E. Bailey, Finding the Lost Cultural Keys to Luke 15 (St. Louis: Concordia, 1992), 146.

больше позорит себя, обнимая несчастного мальчишку!» Отец поставил себя между своим сыном и всеми издевательствами, насмешками и оскорблениями, которые люди в той культуре, естественно, обрушили бы на голову мальчика.

В нашем переводе говорится, что отец «сжалился» (ст. 20), но греческое выражение еще более эмоционально. В нем используется слово, которое буквально описывает ощущение во внутренних органах или, говоря современным языком, внутреннее чувство. Отца охватило сострадание, настолько глубокое и сильное, что у него забурлило в животе.

Сострадание отца не было простым сожалением о прошлом грехе сына. Это не было и сиюминутным сочувствием, вызванным нынешней нечистоплотностью мальчика. (Помните, блудный сын к тому времени был одет в лохмотья и от него пахло свиньями.) Конечно, отец глубоко сожалел о всем том ужасном, что грех уже сделал с сыном. Но кажется очевидным, что было и нечто другое, что усиливало страдание отца в тот самый момент. То, что он побежал к сыну и остановил его на дороге, говорит о том, что у него на уме было что-то крайне срочное и неотложное. Поэтому я убежден, что отцом двигало глубокое чувство сопереживания в преддверии презрения, которое должно было обрушиться на сына, когда он пойдет по деревне. Отец бросился бежать, чтобы быть первым, кто доберется до него, чтобы отвлечь внимание от жестокого обращения, которому, как он знал, подвергнется мальчик.

Это действительно подходящий образ Христа, Который смирил Себя, чтобы искать и спасти погибших, а затем «...претерпел крест, пренебрегши посрамление...» (Евр. 12:2). Подобно этому отцу, Он добровольно взял на Себя все горькое презрение, насмешки и гнев, которых в полной мере заслуживает наш грех. Он даже взял нашу вину на Свои невинные плечи. Он вынес все ради нас и вместо нас.

> Отец бросился бежать, чтобы быть первым, кто доберется до него, чтобы отвлечь внимание от жестокого обращения, которому, как он знал, подвергнется мальчик.

Если бы люди знали правду, то поведение этого отца, каким бы недостойным оно ни казалось слушателям Иисуса, не было бы столь примечательным по сравнению с удивительной благодатью, явленной в воплощении и смерти Христа. Собственно говоря, это был один из ключевых уроков, с которыми Иисус обращался к фарисеям через Свою историю.

УДИВИТЕЛЬНОЕ ПРОЯВЛЕНИЕ БЛАГОДАТИ

Когда отец подбежал к заблудшему сыну, то не смог сдержать своей любви и без колебаний даровал прощение. Фарисеев это потрясло еще больше, чем образ взрослого мужчины, бегущего по пыльной дороге, чтобы поприветствовать провинившегося сына.

Отец сразу же обнял юношу. Иисус сказал, что отец «...пал ему на шею и целовал его» (ст. 20). Время глагола означает, что он целовал его много раз. Он заключил мальчика в крепкие объятия, уткнулся головой в шею своего сына — дурно пахнущего, грязного и неприглядного, каким он был, — и приветствовал его безудержными чувствами.

Очевидно, что отец страдал от тихого горя все время, пока мальчика не было. Его глубокая любовь к юноше никогда не ослабевала. Желание увидеть, как он поумнеет и вернется домой, должно быть, болезненно горело в сердце отца. Оно заполняло его мысли каждый день. И теперь, когда он увидел на горизонте одинокую потрепанную фигуру сына, отцу стало неважно, что о *нем* думают люди; он был полон решимости встретить мальчика как можно более *лично* и *публично*.

Кроме того, отец избавил мальчика от порицания его греха, сам став порицаемым. В сущности, он полностью взял его позор на себя — лишил себя всякой гордости, отказался от отцовских прав, не заботясь о собственной чести (даже в той культуре, где честь значила все). И в удивительном проявлении бескорыстной любви — открыто пренебрегая позором всего этого (ср. Евр. 12:2) — он распростер руки перед вернувшимся грешником и крепко обнял его, чтобы частично оградить его от дальнейшего унижения. К тому времени, когда мальчик вошел в деревню, он уже полностью примирился со своим отцом.

Блудный сын вернулся домой, чтобы поцеловать ноги своего отца. Но вместо этого отец целовал его голову, от которой пахло свиньями. Такое объятие с многократными поцелуями было жестом, означавшим не только безумную радость отца, но и его полное принятие, дружбу, любовь, прощение, восстановление и полное примирение. Это был намеренный и наглядный способ дать понять всей деревне, что он полностью простил своего сына, без всяких сомнений и колебаний.

Какая прекрасная картина прощения, предлагаемого в Евангелии! Типичный грешник хочет выбраться из трясины греха, и его первое побуждение — разработать план. Он избавится от чувства вины. Он исправит себя. Но такой план никогда не увенчается успехом. Долг слишком велик, чтобы его погасить, и грешник бессилен изменить свое положение. Он пал и не может исправить это. Поэтому Спаситель помогает ему. Христос уже прошел горнило испытаний, принял на Себя позор, вытерпел упреки, перенес жестокие насмешки и сполна заплатил за вину. Он обнимает грешника, изливает на него любовь, дарует полное прощение и примиряет его с Богом.

ПРЕРВАННАЯ РЕЧЬ

Примечательно, что отец уже даровал прощение, прежде чем сын произнес хоть слово. После того как отец обнял его, блудный сын начал делать признание, которое он репетировал: «Отче! Я согрешил против неба и пред тобою и уже недостоин называться сыном твоим» (Лук. 15:21), но едва он зашел так далеко, как отец быстро прервал его и приказал слугам начать приготовления к праздничному пиру.

Блудный сын даже не дошел до той части своей речи, в которой он просил принять его одним из наемных слуг. К тому времени как он закончил первую фразу, отец уже восстановил его в правах любимого сына, и началось великое празднование.

Отец, похоже, понял глубину и искренность покаяния мальчика просто потому, что тот вернулся домой. Он достаточно хорошо знал своего сына, чтобы понять, что означает его возвращение. По ужасному состоянию мальчика он увидел, как сильно тот страдал от жестоких последствий своего греха. Поэтому он даже не дал ему закончить исповедь, прежде чем даровал прощение. Это был акт милосердия, который намного превосходил все, на что мальчик когда-либо смел надеяться.

Незаконченное признание блудного сына может показаться незначительной деталью притчи, но для фарисеев оно имело важный смысл. Они никак не могли не заметить одну вопиющую правду в описании Иисусом готовности отца простить. Юноша не сделал ничего, чтобы искупить грех, и все же отцовское прощение было полным и щедрым, без каких-либо условий.

По мнению фарисеев, такое проявление любви и прощения к откровенному грешнику было радикальным и совершенно неортодоксальным. Разве здравый смысл не требует, чтоб грехи были искуплены? Разве Сам Бог не сказал, что не оправдает нечестивых (Исх. 23:7) и что

> Юноша не сделал ничего, чтобы искупить грех, и все же отцовское прощение было полным и щедрым, без каких-либо условий.

Он ни в коем случае не позволит виновным остаться безнаказанными (Исх. 34:7)? Как можно было отпустить такого отъявленного бунтаря, как блудный сын, просто так? Что случилось с праведностью? А как же принципы божественной справедливости? Разве вся ветхозаветная система не изобиловала священниками, жертвоприношениями и другими символами искупления именно для того, чтобы подчеркнуть эту фундаментальную истину?

НЕОБХОДИМОСТЬ ИСКУПЛЕНИЯ

Совершенно верно, что грех *должен* быть искуплен. Не думайте, что, прощая грех, Бог просто смотрит в другую сторону и делает вид, что его никогда не было. Закон Моисея был наполнен кровавыми жертвоприношениями именно для того, чтобы сделать эту истину непреложной.

Этот момент очень важен и в конечном итоге является ключевым для понимания притчи о блудном сыне. Помните, что Иисус говорил эту притчу в основном для фарисеев. Он обращался к их ошибочному представлению о Боге — что Он находит радость в их самоправедности, а не в прощении грехов. Их богословие было настолько лишено чувства истинной благодати, что они просто не могли объяснить, как прощенные грешники могут предстать перед Богом, если всю жизнь не прилагали религиозных усилий. Непонимание фарисеями того, что требуется для полного искупления греха, лежало в основе их ошибочного богословия.

Не забывайте, как фарисеи покрыли истину Ветхого Завета собственной сложной системой человеческих традиций, придуманных правил и бесполезных церемоний. Они были убеждены, что грешникам необходимо совершать добрые дела, чтобы искупить свои грехи. Они даже закрепили свою сложную систему детально разработанных традиций в качестве *главного* средства, с помощью которого, по их мнению, можно было своими заслугами уравновесить вину за грех. Вот почему они были одержимы показными делами, религиозными ритуалами, духовными трюками, церемониальными демонстрациями праведности и прочими внешними достижениями.

И они упорно придерживались этой системы, несмотря на то, что большинство их ритуалов были не более чем их собственными изобретениями, призванными скрыть грех и придать им *вид* праведности.

Вот в чем была проблема: даже *подлинно* добрые дела никогда не могли достичь того, чего, как надеялись фарисеи, достигнут их церемониальные традиции. Это было совершенно ясно из самого Закона. Закон требовал не меньше, чем совершенства (Матф. 5:19, 48; Иак. 2:10). От начала и до конца он был наполнен угрозами и проклятиями в адрес каждого, кто хоть в чем-то его нарушал. Причина, по которой мы нуждаемся в искуплении, заключается в том, что мы падшие грешники, которые *не способны* соблюдать Закон в должной мере. Почему кто-то вообще подумал, что может заслужить искупление греха через несовершенное послушание Закону? В этом и заключался роковой недостаток системы фарисеев.

Сам Закон ясно говорил о том, что цена полного искупления выше, чем может заплатить любой простой человек: «...душа согрешающая, та умрет» (Иез. 18:4).

Мы не можем искупить свой грех

Кроме того, что еще более важно, Ветхий Завет ни разу не утверждал, что грешники могут искупить собственный грех (полностью или даже частично), совершая добрые дела или выполняя сложные ритуалы. На самом деле главный образ искупления в Ветхом Завете — это невинный заместитель, чья кровь была пролита за грешника.

Пролитие крови заместителя было, пожалуй, самым значимым аспектом искупления греха. «...Без пролития крови не бывает прощения» (Евр. 9:22). В День искупления кровь жертвы за грех намеренно разбрызгивали на все, что находилось поблизости от алтаря. Священник «...окропил кровью скинию и все сосуды Богослужебные. Да и все почти по закону очищается кровью...» (ст. 21–22), включая священника. Это не значит, что сама кровь обладала каким-то магическим, мистическим или метафизическим свойством, буквально смывающим греховное осквернение. Но цель этого кровавого ритуала была проста: кровь повсюду служила яркой — и намеренно отталкивающей — иллюстрацией страшной правды о том, что возмездием за грех является смерть. «...Потому что душа тела в крови, и Я назначил ее вам для жертвенника, чтобы очищать души ваши, ибо кровь сия душу очищает...» (Лев. 17:11).

> По определению ни один грешник не может полностью искупить свой грех, поэтому Писание так часто подчеркивает необходимость заместителя.

По определению ни один грешник не может полностью искупить свой грех, поэтому Писание так часто подчеркивает необходимость заместителя.

Нам нужен заместитель

Например, когда Аврааму было велено принести Исаака в жертву на алтаре, Бог Сам предоставил замену в виде барана, которого нужно было заколоть вместо Исаака. В Пасху заместителем был безупречный ягненок. Основным видом жертвоприношений по закону Моисея было всесожжение из тельца, ягненка, козла, горлицы или молодого голубя (в зависимости от финансовых возможностей верующего). Раз в год, в День искупления, первосвященник приносил в жертву быка и козла, а также дополнительную жертву всесожжения как символ искупления — *заместителя*, страдающего за грехи всего народа.

Для любого человека должно быть очевидно, что «...невозможно, чтобы кровь тельцов и козлов уничтожала грехи» (Евр. 10:4; ср. Мих. 6:6–8). Вот почему ритуальные жертвоприношения должны были повторяться ежедневно. Каждый, кто когда-либо всерьез задумывался о жертвоприношении и взвешивал реальную цену греха, в конечном счете должен был столкнуться с истиной: жертвоприношения животных не могут обеспечить полного и окончательного искупления греха. Для полного искупления нужно сделать нечто большее.

По сути, существовало два возможных решения этой дилеммы. Один подход заключался в принятии системы заслуг, подобной фарисейской религии, в которой грешник сам пытался дополнить искупительное значение жертвоприношений животных множеством добрых дел. Фарисеи, похоже, именно по этой причине составили собственный длинный перечень строгих правил и предписаний, которые выходили далеко за рамки того, что на самом деле требовал Закон. Они прекрасно понимали, что простое послушание Закону не может быть совершенным и, следовательно, никогда не принесет достаточно заслуг для искупления греха. Поэтому они искусственно расширяли требования Закона и думали, что их дополнительные дела обеспечат им дополнительные заслуги. Неизбежным следствием стала система, которая поощряла самые вопиющие формы самоправедности и при этом умаляла роль истинной веры.

Другой подход — тот, которого придерживались все истинно верующие люди от начала времен до пришествия Христа. Они признавали свою неспособность искупить грех, принимали Божье обещание о прощении и верили, что Он пошлет Избавителя, Который обеспечит полное и окончательное искупление (Ис. 59:20). С того самого дня, когда Адам и Ева съели запретный плод и их род был проклят, верующие ожидали обещанного потомка от женщины, который сокрушит голову змея и навсегда избавит их от греха и вины (Быт. 3:15). Несмотря на некоторые очень явные намеки (включая Дан. 9:24 и Ис. 53:10), истинное средство, с помощью которого искупление будет наконец совершено, оставалось окутанным тайной, пока Сам Иисус не объяснил его после Своего воскресения нескольким ученикам на дороге в Эммаус (Лук. 24:27).

Обратите внимание, что Иисус ничего не говорил об истинном *средстве* искупления в притче о блудном сыне. В конце концов, это не было сутью истории. Но наш Господь все же прямо указал на суть ошибки фарисеев, которая заключалась в их убеждении, что все грешники должны совершать определенные дела, чтобы искупить свой грех и таким образом заслужить прощение и благосклонность Бога.

ЕДИНСТВЕННЫЙ СПОСОБ БЫТЬ ОПРАВДАННЫМ ПЕРЕД БОГОМ

Притча о блудном сыне опровергает эту ложную идею. Вместо этого она показывает простую истину о том, как и почему покаянная вера является единственным средством, с помощью которого любой грешник может найти оправдание перед Богом. Прощение — это не награда за заслуги, которые мы зарабатываем добрыми делами. Однако не думайте, что это совсем исключает практическую праведность, — ведь добрые дела являются неизбежным плодом веры. Но грешники, которые каются и обращаются к Богу, полностью и мгновенно оправдываются и получают прощение в момент зарождения веры — до того, как будет сделано хоть одно доброе дело.

В этом заключался главный урок примера Авраама. «Аврам *поверил* Господу, и Он вменил ему это в праведность» (Быт. 15:6). Его вера была единственным средством, с помощью которого он ухватился за Божьи обетования. В 4-й главе Послания к Римлянам Павел приводит развернутый аргумент, показывающий, что Давид был оправдан только верой, а не совершением каких-либо добрых дел, религиозных ритуалов или заслугами, призванными свести на нет долг за грехи.

> Покаянная вера является единственным средством, с помощью которого любой грешник может найти оправдание перед Богом.

Подобным образом блудный сын — это хрестоматийный пример того, кто оправдан по благодати через веру, независимо от заслуг. Его прощение было окончательным, а статус привилегированного сына не вызывал сомнений еще до того, как у него появилась возможность выразить свое раскаяние.

А как же вся жизнь, которую он был готов отдать на служение своему отцу? Это было совершенно не нужно для того, чтобы заслужить благосклонность. Отец даровал ему полное благословение и безусловное прощение по одной лишь благодати.

Но этот раскаявшийся юноша тем не менее навсегда изменился благодаря милости, которую явил ему отец. Зачем ему возвращаться к жизни, полной самоугождения и блуда?

Он уже прошел путь греха до неизбежного конца и слишком хорошо знал его итог. Он был жестоко наказан горечью этого опыта. Он вкусил ужасные последствия греха.

Но теперь с его глаз сняли шоры. Он увидел отца в новом свете и полюбил его с новой силой. Отныне у него были все основания хранить ему верность. Теперь он будет служить отцу с радостью — не как наемный слуга, а как любимый сын.

ГЛАВА 8

ЩЕДРОСТЬ

*А отец сказал рабам своим: «Принесите
лучшую одежду и оденьте его, и дайте
перстень на руку его и обувь на ноги;
и приведите откормленного теленка,
и заколите; станем есть и веселиться!
Ибо этот сын мой был мертв и ожил,
пропадал и нашелся». И начали веселиться.
— Луки 15:22–24*

Представьте, как выглядело возвращение блудного сына
с точки зрения одного из домашних слуг. Отец вдруг по-
спешно спустился со своего наблюдательного поста. Он ми-
новал слуг, выскочил за ворота и побежал по пыльной дороге, высоко подняв свои одежды над коленями. Он пронесся
через весь город, не сбавляя скорости и не обращая внимания на то, кто за ним наблюдает. За ним следовали несколько слуг, которые бежали, стараясь не отстать от своего
господина, но не понимали, куда он направляется и почему
так бежит.

Возможно, кому-то эта сцена покажется комичной, но его слугам было не до смеха. Несомненно, они сочли его поведение постыдным. Это было не в его духе, вызывало тревогу и даже страх. У них не было другого выбора, кроме как пойти с ним, потому что это входило в их обязанности.

Слуги, должно быть, с изумлением наблюдали, как их господин подбежал к сыну, обнял его (зловонные, испачканные свиными помоями лохмотья) и начал целовать его так, словно мальчик вернулся героем. Затем, едва слуги собрались с мыслями, отец поднял голову, повернулся к слугам (которые, вероятно, запыхались от бега) и отправил их выполнять ряд срочных поручений. В лучших греческих текстах говорится, что он предварял свои приказы наречием tachu: «Быстро!» Он не хотел медлить. Для него это было делом чрезвычайной важности, и все нужно было подготовить как можно быстрее.

По мере того как отец отдавал распоряжения, стало ясно, что он собирается устроить пир для сына, который так сильно его обесчестил. Он намеревался принять его так, как встречают почетного сановника: с подарками, пышным торжеством и церемониальным вручением привилегий.

Теперь вспомним, что слово «блудный» означает «расточительный». Блудный человек — это большой транжира, который разбрасывает свои средства повсюду, в основном для того, чтобы повеселиться. Этот термин подразумевает того, кто чрезмерно щедр, неосмотрительно тратит деньги, неумеренно быстро сжигает свои активы и безрассудно раздает большие чаевые.

Внезапно блудным становится отец, а не своенравный сын: «А отец сказал рабам своим: „Принесите лучшую одежду и оденьте его, и дайте перстень на руку его и обувь на ноги;

и приведите откормленного теленка, и заколите; станем есть и веселиться! Ибо этот сын мой был мертв и ожил, пропадал и нашелся". И начали веселиться» (Лук. 15:22–24).

И снова, когда Иисус рассказывал эту историю, слушатели закатывали глаза. Не только фарисеи, но и любой человек, воспитанный в той культуре, наверняка был в полном недоумении от поступка отца. Этот человек не знал стыда. Он только что пожертвовал последней крупицей своего достоинства, побежав, как школьник, чтобы даровать полное и безусловное прощение сыну, который заслуживал лишь гнева своего отца.

Как будто эти действия не были достаточно позорными, теперь отец собирался использовать самое лучшее из того, чем владел (и потратить много денег), чтобы чествовать недостойного мальчишку, который уже успел промотать значительную часть семейного состояния в далекой стране. Даже если провинившийся юноша действительно раскаялся, вручать ему дорогие подарки и устраивать столь роскошный праздник казалось совершенно неуместным.

Но отец, не обращая внимания на страх перед общественным мнением, не терял времени напрасно и готовил праздник. Еще до того, как старшего брата позвали с полей, отец потребовал принести одежду и кольцо. Откормленного теленка уже зарезали для большого пира.

> Не обращая внимания на собственную репутацию, отец осыпал блудного сына почестями.

Ошеломленный блудный сын, должно быть, чувствовал, что у него кружится голова. После всего, что он сделал, и после всего, что грех сделал с ним, он вряд ли смог бы осознать происходящее. Жители деревни тоже были в полном недоумении от отца. Что он делал? Не обращая внимания на собственную репутацию, отец осыпал блудного сына почестями. Все это были поразительно щедрые милости, которых мальчик ни в коем случае не заслуживал.

ВОССТАНОВЛЕНИЕ СТАТУСА СЫНА

Иисус упоминает три подарка, которые отец сразу же преподнес своему раскаявшемуся сыну: одежду, кольцо и обувь. Все, кто слушал рассказ Иисуса, понимали значение этих даров.

Обувь — дар сыновства
Обувь может показаться самым незначительным подарком, но она была очень важна. Она недвусмысленно символизировала принятие отцом своего сына. Наемные слуги и домашние рабы обычно ходили босиком. Обувь носили только хозяева и их сыновья. Поэтому вручение обуви было важным жестом, который означал полное и немедленное восстановление бывшего мятежника в правах привилегированного сына. Для любого человека, знакомого с той культурой, это не было мелочью.

До определенной степени даже в той культуре огромное чувство радости и облегчения отца было вполне объяснимо. Но расточительность, с которой он прощал, не была понятна. Если бы он не заставил своенравного юношу отработать часть долга, отдав его в рабство, то уже одно это было бы сверхъестественным, чрезмерным актом доброты.

Но, конечно, прежде чем оказывать сыну публичную честь вроде дорогостоящего пира, отцу нужно было проявить больше осторожности. Не должен ли отец лишить его *некоторых* привилегий — по крайней мере до тех пор, пока блудный сын не продемонстрирует, насколько он серьезен? Не нужно ли ему установить какие-нибудь основные правила для юноши? Разве не справедливо ожидать плодов его раскаяния? Год или два не слишком долгий срок, чтобы попросить такого юношу доказать свою верность, прежде чем предоставить ему все права взрослого верного сына.

Казалось, на каком-то этапе разумным было бы проявить сдержанность. Но здесь нет и намека на что-либо подобное. Отец принимает сына сразу и полностью.

Одежда — дар чести

Получить одежду было еще большей честью. У каждого знатного человека была своя мантия — дорогая, богато украшенная, вышитая, единственная в своем роде, длинная до пола верхняя одежда из ткани высочайшего качества и искусной работы. Это была настолько особенная одежда, что он даже не подумал бы надеть ее как гость на чужую свадьбу. Вместо этого он берег ее для свадеб собственных детей или для подобных случаев. Ближайшим

Отец принимает сына сразу и полностью.

аналогом в XXI веке может быть дорогой смокинг, который остается в шкафу и используется только раз в год (или реже). И даже в этой культуре, если бы вас пригласили на торжественное мероприятие, а у вас не было подходящего наряда, вам пришлось бы его купить или взять напрокат.

Но в первом веке у каждого главы зажиточной семьи была такая мантия. Это была его самая красивая, искусно выполненная одежда. Греческое выражение в Евангелии от Луки 15:22 буквально означает «одежда первого ранга».

И он хотел надеть *ее* на этого бывшего свинопаса еще до того, как тот успел привести себя в порядок? Все в деревне пришли бы в ужас от такой мысли. Вручение ему мантии означало большую честь, чем та, которую обычно оказывают сыну. Подобную любезность проявляли, как правило, к чрезвычайно влиятельным приезжим сановникам. Отец публично чествовал вернувшегося сына не только как почетного гостя на банкете, но и как человека, обладающего высочайшим достоинством.

Кольцо — дар власти

Это еще не все. Отец также попросил надеть на руку мальчика кольцо. Это был перстень с фамильным гербом или печатью, поэтому, когда кольцо вдавливали в расплавленный воск на официальном документе, полученная печать служила юридическим подтверждением подлинности. Таким образом, кольцо было символом власти. Насколько сильной и какого рода — вопрос, который мы вскоре рассмотрим более подробно.

Но сейчас подумайте о значении всего этого: обувь, одежда и кольцо принадлежали отцу и были символами его чести и власти. Отец также собирался устроить самый большой праздник, который когда-либо случался в этой семье, — возможно, самый грандиозный пир, который когда-либо видела деревня. Вручая сыну эти три подарка, он, по сути, говорил ему: «Лучшее из того, что у меня есть, — твое. Теперь ты полностью восстановлен в правах сына и даже занимаешь в нашем доме почетное положение. Ты больше не бунтующий подросток. Теперь ты взрослый сын со всеми вытекающими из этого положения привилегиями, и я хочу, чтобы ты наслаждался ими в полной мере». Подобно королю, передающему принцу свою мантию и перстень, отец сделал это торжественно и публично, чтобы ни у кого не осталось сомнений в том, действительно ли он это имел в виду или нет. Это был еще один акт самоотречения отца.

Даже в нашей культуре трудно представить, чтобы отец зашел в прощении так далеко. Но это еще одно доказательство того, что *этот* отец, похоже, ничуть не беспокоился о своей чести в глазах критиков.

Это также важное напоминание о том, что отец здесь — символ Христа, Который «...будучи образом Божиим, не почитал хищением быть равным Богу; но уничижил Себя Самого, приняв образ раба, сделавшись подобным человекам и по виду став как человек; смирил Себя, быв послушным даже до смерти, и смерти крестной» (Флп. 2:6–8).

Заметьте, что Христос уничижил Себя не тем, что перестал быть Богом, не тем, что лишился Своей божественной природы или атрибутов, а тем, что принял на Себя настоящую человеческую природу и тем самым покрыл ею Свою славу. Так Он сошел с высоты Своего величия и стал человеком. Он поставил Себя на наш уровень. Затем Он унизил Себя еще больше, приняв самую позорную смертную казнь, словно воплотив в Себе все худшие черты низших слоев общества. Вот что означает фраза «даже до смерти, и смерти крестной». Это унижение гораздо больше, чем любое бесчестие, которому подвергся отец в этой притче. Так что, если его поведение в притче кажется вам преувеличенным, не забывайте: позор, который понес отец, не идет ни в какое сравнение со смирением Христа.

Более того, эта притча напоминает нам, что Христос принимает грешников, которые находятся точно в таком же положении, как и блудный сын: нечистые, одетые в грязные лохмотья, совершенно лишенные какого-либо имущества, не имеющие ничего, что могло бы представить их достойными перед Христом. Он принимает их с той же радостью, что и в этой притче, и даже с большей. Согласно Посланию к Римлянам 4:5, Христос «оправдывает нечестивого». Если эта мысль не вызывает у вас желания плакать от благодарности, то вы, вероятно, никогда не чувствовали себя на месте блудного сына, и вам нужно молиться о покаянии.

> Эта притча напоминает нам, что Христос принимает грешников, которые находятся точно в таком же положении, как и блудный сын… …С той же радостью, что и в этой притче, и даже с большей.

Конечно же, именно этот вопрос заставил книжников и фарисеев враждовать с Христом. Они отказывались воспринимать служение Иисуса по поиску и спасению грешников как дело Божье. Мысль о том, что Иисус принимает грязных грешников, вызывала у них отвращение. Это не соответствовало их представлениям о том, каким должен быть Мессия. А то, что Он оправдывает грешников только верой и сразу же обращается с ними так, словно они безупречны в глазах Бога (см. Лук. 18:14), было для фарисеев совсем невыносимым. В конце концов, большинство из них всю жизнь трудились над исполнением религиозных предписаний, а Христос относился к ним с меньшим почтением, чем к мытарям и прочим отбросам общества, приходившим к Нему. По мнению фарисеев, Иисус был осквернен общением с грешниками. Поэтому фарисеи убедили себя в том, что они гораздо более праведны, а значит, и более славны, чем Он.

Как плохо они понимали, что такое истинная слава! Хотя Христос отказался от Своей небесной славы, теперь Он унаследовал еще более высокую честь. Его страдания и смерть (которые вскоре станут самым большим камнем преткновения для людей, думающих как фарисеи) явили миру некоторые из величайших черт вечной славы Божьей: Его любящую благодать и прощение.

Послание к Филиппийцам 2 продолжает это провозглашение: «Посему и Бог превознес Его и дал Ему имя выше всякого имени, дабы пред именем Иисуса преклонилось всякое колено небесных, земных и преисподних, и всякий язык исповедал, что Господь Иисус Христос в славу Бога Отца» (ст. 9–11).

ВОССТАНОВЛЕНИЕ ПРИВИЛЕГИЙ СЫНА

Торжественное вручение трех подарков было не просто сентиментальным жестом. Отец сделал публичное заявление, которое имело серьезные и далеко идущие юридические последствия. Обувь символизировала, что с блудным сыном будут обращаться как с сыном, а не как с наемным слугой, одежда демонстрировала его привилегированное положение, а перстень с печаткой имел значение, которое понимал каждый в той культуре. Формально он наделял блудного сына законным правом, известным как *узуфрукт*.

Те, кто знаком с юридической терминологией — особенно с наследственным правом, — сразу же узнают этот термин. Правовой принцип узуфрукта имеет долгую историю, восходящую по крайней мере к раннему римскому праву, и до сих пор признается в большинстве систем гражданского права. *Узуфрукт* — это латинское выражение, которое буквально означает «пользование плодами» и описывает юридическое право свободно пользоваться чужой собственностью или активами и получать от них доход, как если бы они были личным имуществом.

Иными словами, узуфрукт предоставляет все права собственности без фактического перехода права на имущество как такового. Узуфруктарий (лицо, не являющееся собственником и получающее это право) не может продавать, повреждать имущество или уменьшать его стоимость. Но, помимо этого, он волен использовать его по своему усмотрению. Если это поле, он может возделывать его и получать прибыль от этого предприятия без каких-либо обязательств по внесению арендной платы. Если это недвижимость, он может пользоваться ею как своей собственной или даже сдавать ее в аренду кому-то другому, а вырученные деньги забирать себе. Это была большая привилегия, похожая на доверенность, но именно в отношении использования имущества.

Не забывайте, что имущество этой семьи уже было официально разделено между двумя сыновьями (Лук. 15:12). Отец выплатил все, что мог, чтобы передать большое денежное наследство младшему сыну, который тут же все это выбросил на ветер. Все, что осталось, было законным наследством старшего сына. Как мы уже отмечали в главе 3, этот сын по закону не мог вступить в полное и неограниченное владение семейным имуществом до смерти отца. Другими словами, пока был жив отец, имущественные права старшего сына были лишь узуфруктом.

Но в случае старшего сына это была просто временная формальность. В конце концов он унаследует полное право собственности на все, что осталось в поместье. Сейчас этого уже нельзя было изменить. Когда наследство было разделено по воле блудного сына, были составлены и оформлены юридические документы, гарантирующие это. После смерти отца старший сын автоматически вступал в единоличное владение. Все вопросы о долгосрочном владении семейным имуществом были уже урегулированы, юридически обязательны и совершенно необратимы. Не существовало ни одной лазейки, с помощью которой можно было бы перераспределить наследство. Все имущество принадлежало старшему брату по соглашению.

Но пока отец был жив, он оставался патриархом и главой семьи. Формально он был владельцем всей собственности и поэтому имел исключительное право распоряжаться имением и всеми его активами по своему усмотрению. По сути, он претендовал на все, что обещал старшему сыну, и при этом сказал младшему: «Пользуйся этим как хочешь».

Люди, которые слушали эту притчу, наверняка были в недоумении от такого проявления милости: «Разве это справедливо? Как отец может так щедро наградить блудного сына, несмотря на то, как вел себя младший мальчик? Для образа хорошего парня старшего сына это почти оскорбительно. Как этот человек может позволить блудному сыну пользоваться теми же благами и привилегиями, что и сыну, оставшемуся дома?»

Если бы блудный сын не вернулся, старший сын однажды надел бы эту мантию, или же сам отец использовал бы ее на его свадьбе. Это как раз тот случай, когда следует надеть подобную одежду, — бракосочетание первенца. Такая свадьба была величайшим событием, которое, как правило, случалось в любой семье. Но теперь мантия была осквернена свиным запахом младшего брата.

Старший сын должен был получить отцовский перстень и соответствующую юридическую привилегию действовать от имени отца. Старший сын был тем, кто остался в семейном поместье, и он должен иметь на него исключительные права узуфруктария. В конце концов, вся эта собственность уже принадлежала ему на основании обязательного юридического соглашения.

Все это не имело никакого смысла, особенно в культуре, где честь ценилась так высоко.

Но отец действовал быстро, не раздумывая, и то, как твердо и уверенно он ответил, сделало его заявление гораздо более решительным. Подумайте еще раз, какой глубокий посыл он передал жителям деревни, которые стали свидетелями этой сцены: он как можно быстрее надел обувь на ноги блудного сына и сделал публичное торжественное заявление, которое мгновенно устранило все вопросы о том, сохранилось ли сыновство мальчика. Он попросил *принести* одежду туда, где они находились (ст. 22), и надел ее на сына еще до того, как тот смог вернуться домой и отмыться от грязи своей греховной жизни и долгого пути домой. Отец хотел, чтобы лохмотья мальчика были покрыты как можно быстрее, прежде чем блудный сын пройдет по деревне под неодобрительными взглядами многих людей. Он даже накрыл его своей лучшей одеждой, которая послужила щитом от позора, заслуженного юношей. И тут же отдал ему кольцо, предоставив ему тем самым огромную привилегию, которой он явно не был достоин.

Еще более странным было то, что отец обращался с вернувшимся блудным сыном как с почетным принцем. Он приказал своим слугам ждать его так, как будто он был королевской особой: «Возьмите одежду и наденьте ее на него; наденьте обувь на его ноги и кольцо на его руку». Посыл был ясен: отец даровал юноше не только полное прощение и примирение, но и все привилегии сына из знатной семьи, который достиг совершеннолетия и доказал свою благонадежность.

> Отец даровал юноше не только полное прощение и примирение, но и все привилегии сына из знатной семьи, который достиг совершеннолетия и доказал свою благонадежность.

ОБРАЗ БОЖЬЕЙ РАСТОЧИТЕЛЬНОЙ БЛАГОДАТИ

Когда Иисус описывал эту сцену, толпа была в недоумении. Все, что отец делал для сына, было прямо противоположно тому, что, по мнению других, он должен был делать. Это противоречило и обычаям того общества, и всему, что они знали о справедливости, и здравому смыслу. Подумайте: этот юноша в одночасье получил все те же права и привилегии, что и его старший брат, который ни разу не вздумал бунтовать так, как это сделал блудный сын. Как будто путешествия в дальние страны и не было. Отец принимал на себя удар за ударом от этого бесчестного сына и все же был готов отбросить прошлое и безвозмездно наделить его всеми возможными привилегиями. Не было ни периода ожидания, ни времени на проверку, ни препятствий, через которые мальчик должен был пройти, ни этапа адаптации. Все привилегии были бесплатными и неограниченными. Мальчик сразу же вступал в полноправное сыновство на самом высоком уровне.

В чем же заключалось послание? Мы должны еще раз напомнить себе, что это образ щедрой Божьей благодати, которая торжествует над всеми мыслимыми видами греха. Бог спасает грешников — в том числе *худших* из них. И когда Он это делает, то мгновенно возносит вновь рожденного грешника и дает ему привилегии и благословения, которые превосходят все, о чем мы только можем просить или думать (см. Еф. 3:20).

И снова, хотя милость и привилегии, дарованные этому сыну, могут показаться преувеличенными, это не карикатура. Напротив, этого даже недостаточно, чтобы служить надлежащей иллюстрацией благодати, которую Бог действительно дает раскаявшимся грешникам. Это всего лишь уменьшенное, смягченное, едва уместное образное представление о том, что такое подлинная благодать. Потому что человеческие слова и образы совершенно неспособны передать реальность Божьей милости.

Однако вся эта идея о том, что покаявшемуся и доверившемуся грешнику может быть дарована щедрая любовь и чрезмерная благодать, была совершенно странной для законнического ума книжников и фарисеев. Они понимали концепцию привилегий. Они были убеждены, что законные привилегии, подобные этим, можно заработать только через систему строгих дел и учета личных заслуг. Именно в этом и заключалась их религия.

Но книжники и фарисеи заблуждались настолько серьезно, что та самая религия, на которую они рассчитывали, чтобы обрести вечную жизнь, на самом деле предвещала им гибель. Вот почему Иисус призывал их признать свою нужду в Божьей благодати и покаяться в самоправедности.

> Книжники и фарисеи заблуждались настолько серьезно, что та самая религия, на которую они рассчитывали, чтобы обрести вечную жизнь, на самом деле предвещала им гибель.

НЕОБЫКНОВЕННОЕ ТОРЖЕСТВО

Отец торжественно увенчал раскаявшегося блудного сына высшими почестями и привилегиями, но на этом не остановился. Далее он созвал пир, затмивший все остальные праздники: «„...и приведите откормленного теленка, и заколите; станем есть и веселиться! Ибо этот сын мой был мертв и ожил, пропадал и нашелся". И начали веселиться» (Лук. 15:23–24).

Упоминание, что у этого человека, жившего со своим старшим сыном, был «откормленный теленок», — один из главных сигналов Иисуса о том, что они были не просто зажиточными, но чрезвычайно богатыми. У них был особый теленок, которого хорошо кормили и намеренно недогружали, чтобы он давал самое нежное, вкусное, первосортное мясо. Греческое выражение, переведенное как «откормленный», буквально означает «откормленный зерном». Таким образом, из этого теленка получалась лучшая телятина, откормленная зерном. Даже сегодня это роскошь. Но в культуре первого века, где любое мясо употреблялось только по особым случаям, а откормленное мясо взрослого скота было дорогим товаром, никому, кроме самого богатого землевладельца, и в голову не пришло бы кормить животное отборным зерном.

Такого теленка откармливали только для особых случаев, например свадьбы первенца или банкета, который устраивали раз в жизни в честь прибытия важной персоны. Животное тщательно и заблаговременно отбирали, щедро кормили, старательно ухаживали за ним и держали в загоне, отдельно от стада. Приурочить процесс разведения к запланированному событию было крайне важно, ведь телята, очевидно, быстро вырастают. Откормленного кукурузой теленка забивали, как правило, когда ему исполнялось около пяти месяцев. Иметь под рукой лишнего откормленного теленка было крайне необычно (если не сказать — совершенно неслыханно).

Похоже, отец решил, что возвращение своенравного сына — более веский повод для праздника, чем то событие, которое он уже планировал. Он мог с легкостью заменить блюда на менее вкусные и сократить меню, которое готовил для другого мероприятия. Но *это* событие, возвращение его давно потерянного сына, требовало праздника невиданного размаха. Для этого он должен был заколоть откормленного теленка.

Между прочим, в среднем пятимесячный теленок, вскормленный кукурузой, весит около 225 килограммов. Этого будет остаточно, чтобы накормить сотни людей. (Одних только лучших отрубов с легкостью хватит на двести человек, а поскольку все пригодное пойдет в то или иное блюдо, такой теленок обеспечит огромное количество еды.) Приготовления займут весь оставшийся день, а празднества продолжатся до глубокой ночи. Нередко подобные торжества длились три дня и более. Все жители деревни будут приглашены.

> Отец решил, что возвращение своенравного сына — более веский повод для праздника, чем то событие, которое он уже планировал.

Это было, несомненно, величайшее событие и самый грандиозный праздник, который когда-либо случался в этой семье. Возможно, это был самый большой праздник, который когда-либо видела деревня. С точки зрения отца, такое было вполне уместно. Ни одно событие не могло принести ему большей радости, чем возвращение потерянного сына. И здесь мы снова видим яркий образ небесной радости, когда один заблудший грешник кается.

Великая радость отца видна из его слов: «Ибо этот сын мой был мертв и ожил, пропадал и нашелся» (Лук. 15:24). Независимо от того, проводил ли он обычную заупокойную службу в прямом смысле слова или нет, когда блудный сын бежал в дальние края, отец явно считал его погибшим. Он почти не надеялся и не ожидал всерьез, что когда-нибудь снова увидит мальчика. Он жил с этим горем, в постоянном состоянии тяжелой утраты, оплакивая потерю драгоценного сына с того самого дня, когда тот ушел. Он жаждал его возвращения, мысленно представлял, каково это — увидеть его восстановленным, и молился о возможности даровать ему прощение.

Отец едва ли смел надеяться на такой день, как этот, но теперь он наконец настал. Сын, который был мертв, теперь «воскрес и ожил». (Это буквальное значение выражения в стихе 24.) Потерянный мальчик наконец-то был найден. Отцу выпала великая радость, о которой он давно мечтал, — вернуть сыну жизнь. Теперь у мальчика был новый статус и новое отношение. Отец и сын наконец примирились. Впервые у блудного сына появились настоящие, живые отношения с любящим, прощающим отцом, который дал ему полное право на все, чем владел, и обильно благословил его.

Вряд ли можно винить блудного сына за то, что он чувствовал, что у него больше причин для радости, чем у кого-либо другого. Он доверил свою жизнь отцу, а отец совершенно ошеломил его, доверив ему свои богатства. Сын наконец-то вернулся в отчий дом и стал настоящим членом семьи. У него были все основания оставаться верным и посвятить остаток своей жизни чести отца.

ПОВОД ДЛЯ ТОРЖЕСТВА

Теперь подумайте о важной истине, которая очевидна, но не прописана в притче Иисуса: этот праздник не был связан с поведением сына. Даже его раскаяние — каким бы замечательным оно ни было — не заслуживало такой непомерной чести. Что именно отмечали на этом празднике? Минутное размышление даст четкий ответ, ведь, в конце концов, это вся тема 15-й главы Евангелия от Луки. Речь шла о радости искупления.

В сущности, праздник был устроен в честь доброты отца к своему недостойному сыну. Отец радовался не потому, что сын каким-то образом сумел заслужить его расположение (мальчик действительно не сделал ничего по-настоящему достойного похвалы). Но отец радовался, потому что теперь у него появилась долгожданная возможность простить и восстановить сына, который так сильно его обесчестил и принес ему столько горя.

> Праздник был устроен в честь доброты отца к своему недостойному сыну.

Другими словами, праздник здесь устраивают ради отца, а не ради сына. Пир, по сути, чествует отца. Именно отец вернул мальчику его жизнь и привилегии. Именно отец простил его, восстановил в качестве сына, дал настоящую свободу и осыпал знаками любви. И вот этот отец, который, очевидно, не чувствовал стыда, устроил праздник, чтобы поделиться радостью своей доброты со всеми. Такая радость заразительна, воодушевляет, освежает и полна славы. Этот образ великолепно подходит для описания небесной радости.

Мне нравится выражение в конце стиха 24: «И *начали веселиться*». Это было только начало. И это картина праздника, который никогда не заканчивается.

Вот в чем заключается небесная радость. Это вечное празднование непомерной милости любящего Отца к раскаявшимся, верующим, но совершенно недостойным грешникам. Небесная радость *не заканчивается*, когда грешник возвращается домой; это только начало. Вы когда-нибудь задумывались, чем будут заниматься святые на небесах? Именно так мы проведем вечность — в бесконечном праздновании радости нашего Небесного Отца.

ОБРАЗ НЕБЕСНОЙ РАДОСТИ

Продолжая рассматривать притчу о блудном сыне, давайте обратим внимание на некоторые ключевые уроки, которые мы можем извлечь из образов Иисуса. Помните, что отец в этой притче символизирует Христа. Он тот, кто берет на себя поношение грешника, приглашает кающихся грешников прийти к Нему за успокоением и принимает всех, кто приходит. Он сказал: «...и приходящего ко Мне не изгоню вон...» (Иоан. 6:37). Его милость бесконечна. Мы можем смело прийти к Нему и получить милость и благодать для помощи в трудную минуту (Евр. 4:16). Он заменяет гнилые лохмотья нашего греха совершенной одеждой Своей праведности (Ис. 61:10). Он предлагает прощение, честь, власть, уважение, ответственность, свободный доступ ко всем Своим богатствам и полное право молиться во имя Его.

Стремление отца простить открывает нам кое-что о Божественном взгляде на искупление. Христос не является неохотным Спасителем. Сам Бог Отец нисколько не сдерживается, когда оказывает милость кающимся грешникам. Вот почему во 2 Послании к Коринфянам 5:20 роль христианина в донесении евангельской вести до грешников описывается как просьба, мольба, призыв примириться с Богом. Мы несем эту весть, по словам апостола Павла, «от имени Христа» — как Его послы, говорящие с Его авторитетом и провозглашающие весть, которую Он Сам дал на благо всех грешников повсюду.

Эти истины в сочетании с образами из притчи о блудном сыне представляют Бога почти нетерпеливым в Его стремлении простить грешников. Он бежит, чтобы обнять. Он осыпает вернувшегося грешника лаской и поцелуями. Он быстро зовет за одеждой, кольцом и обувью. Его оправдание полное и немедленное — это окончательная реальность, а не просто призрачная цель, ради достижения которой грешник должен трудиться.

> **Радость переполняет Бога каждый раз, когда грешник возвращается.**

Радость переполняет Бога каждый раз, когда грешник возвращается.

В нашу эпоху постмодернизма даже в некоторых кругах евангельского движения предпринимаются попытки преуменьшить значение личного искупления и обещания небес для отдельных верующих. Я постоянно слышу предположения о том, что, возможно, мы упустили истинную суть Евангелия — что, возможно, дело не столько в прощении грехов того или иного человека, сколько в том, чтобы принести Царство Божье на землю здесь и сейчас. И поэтому, говорят нам, христиане должны меньше заботиться о своем личном искуплении и больше — об искуплении нашей культуры или решении масштабных проблем нашего времени, таких как расовые предрассудки, глобальное потепление, бедность, маргинализация бесправных людей или любой другой мировой кризис, который станет главным поводом для следующего концерта Live Aid[11].

---

[11] Live Aid — масштабный благотворительный концерт, организованный

Земные страдания — это действительно важная проблема для христиан. Мы должны заботиться о бедных, служить больным и нуждающимся, утешать скорбящих и защищать тех, кто угнетен.

Но заметьте еще раз, что божественная радость, о которой говорит Иисус в 15-й главе Евангелия от Луки, вызвана не тем, что какая-то серьезная социальная проблема в мире наконец-то решена. Небесные жители не ждут, затаив дыхание, сможет ли окружающая среда Земли пережить последствия сжигания ископаемого топлива. Радость, описанная Иисусом, не подавляется сейчас каким-то божественным мораторием, пока все страдания в мире не будут наконец устранены. Не откладывается и начало небесного торжества до тех пор, пока где-нибудь не вспыхнет повсеместное пробуждение.

Все небо радуется «об *одном грешнике* кающемся» (Лук. 15:7). Поскольку есть все основания полагать, что отдельные грешники каются где-то в мире изо дня в день, можно с уверенностью предположить, что торжество на небесах никогда не прекращается. Все небеса наполнены совершенной, чистой и невыразимой радостью. Но лучше всего то, что эта радость постоянна и нескончаема. Вот почему Бог также повелевает Своему народу здесь, на земле, «радоваться всегда в Господе» (Флп. 4:4). «Всегда радуйтесь» (1 Фес. 5:16).

Отказ войти в небесную радость — это практически самый неразумный и злой грех, который только можно себе представить. Зачем кому-то отказываться от участия в радости этого отца и от празднования избавления юноши со столь трагичным прошлым? Однако вскоре мы встречаем

---

13 июля 1985 года в Лондоне и Филадельфии для сбора средств в помощь жертвам голода в Эфиопии. — Прим. ред.

персонажа, который воплощает в себе эту самую обиду, — старшего брата.

НЕОБЫЧНОЕ ЗАКЛЮЧЕНИЕ

Здесь притча принимает еще один шокирующий оборот. Эта прекрасная история состоит всего из нескольких коротких стихов, но содержит славные и жизненно важные уроки об искуплении, прощении, оправдании по вере и Божьей радости от спасения грешников. Похоже, что притча движется к очень счастливому концу.

> Отказ войти в небесную радость — это практически самый неразумный и злой грех, который только можно себе представить.

Однако внезапно весь характер истории меняется. На сцену выходит старший сын. История внезапно приходит к совершенно иной развязке. И в конце концов она доносит до самодовольной религиозной элиты Израиля срочное и тревожное послание.

Это один из самых глубоких и поистине поворотных моментов в земной жизни и учении Христа.

ЧАСТЬ 4
СТАРШИЙ БРАТ

Старший же сын его был на поле; и возвращаясь, когда приблизился к дому, услышал пение и ликование; и, призвав одного из слуг, спросил: „Что это такое?“ Он сказал ему: „Брат твой пришел, и отец твой заколол откормленного теленка, потому что принял его здоровым“. Он осердился и не хотел войти. Отец же его, выйдя, звал его. Но он сказал в ответ отцу: „Вот, я столько лет служу тебе и никогда не преступал приказания твоего, но ты никогда не дал мне и козленка, чтобы мне повеселиться с друзьями моими; а когда этот сын твой, расточивший имение свое с блудницами, пришел, ты заколол для него откормленного теленка“. Он же сказал ему: „Сын мой! Ты всегда со мною, и все мое твое, а о том надобно было радоваться и веселиться, что брат твой сей был мертв и ожил, пропадал и нашелся“.

Луки 15:25–32

ГЛАВА 9
ВОЗМУЩЕНИЕ

Он осердился и не хотел войти.
— Луки 15:28

Грешники делятся на две основные категории. Одни прямолинейны и бесстрашны в своих злодеяниях, и им совершенно безразлично, кто видит их поступки. Неизменно их главный грех — гордыня, которая проявляется в чрезмерной любви к себе и неконтролируемой тяге к самоугождению.

Другие — скрытные грешники, которые предпочитают грешить, когда уверены, что их никто не видит. Они пытаются замаскировать свои очевидные грехи различными способами — часто прикрываясь религией. Их главный грех — гордость, но гордость, которая проявляется в лицемерии.

Конечно, есть разные виды подобных двух типов грешников, и, очевидно, у них много общего — как у двух братьев, чьи характеры кажутся очень разными, но по своей природе могут быть очень схожими.

У распутного грешника гораздо больше шансов столкнуться с реальностью своего падения, покаяться и искать спасения, чем у лицемерного. Грех открытого грешника уже обнаружен. Он неоспорим. Грешник *должен* признать его. Но у фарисеев все совсем не так. Лицемер будет стараться как можно дольше маскировать свою безнравственность, отрицать вину, отказываться от необходимости искупления и заявлять о собственной праведности. Вот почему Иисус неоднократно повторял такие слова: «Не здоровые имеют нужду во враче, но больные...» (Матф. 9:12).

В притче Иисуса блудный сын, очевидно, представляет открытых грешников — бунтарей, беспутных, развращенных, сознательно безнравственных людей, не претендующих ни на веру в Бога, ни на любовь к Нему. Другими словами, персонаж блудного сына — олицетворение тех, с кем мы познакомились в стихе 1: «мытарей и грешников» — изгоев общества. Такие люди начинают с того, что убегают от Бога как можно дальше. У них нет врожденной любви к Нему. Они не желают никаких отношений с Ним. Они не хотят иметь ничего общего с Его законом или Его властью. Они не заинтересованы в том, чтобы соответствовать чьим-то ожиданиям или требованиям, *особенно* Божьим. Они не хотят нести перед Ним никакой ответственности. Они даже не хотят думать о Нем.

Апостол Павел описал блудных людей в Послании к Римлянам 1:28–32 следующим образом:

>> И как они не заботились иметь Бога в разуме, то предал их Бог превратному уму — делать непотребства, так что они исполнены всякой неправды, блуда, лукавства, корыстолюбия, злобы, исполнены зависти, убийства, распрей, обмана, злонравия, злоречивы, клеветники, богоненавистники, обидчики, самохвалы, горды, изобретательны на

зло, непослушны родителям, безрассудны, вероломны, нелюбовны, непримиримы, немилостивы. Они знают праведный суд Божий, что делающие такие дела достойны смерти; однако не только их делают, но и делающих одобряют.

Другими словами, у блудных грешников нет никаких отношений с Богом — даже притворных. Они не любят Бога, не заботятся о Нем, почти не думают о Нем и не хотят иметь ничего общего с Божьей семьей.

Удивительно, но Писание неоднократно описывает отношение Бога к блудным грешникам, сравнивая его с муками невзаимной любви (Иез. 33:11; Ос. 11:7–8; Матф. 23:37; Рим. 10:21). Выражая глубокую божественную скорбь, Бог наконец отпускает их. Вот что означает Послание к Римлянам 1:28, где говорится, что «...предал их Бог...». Он «...предал их... нечистоте...» (ст. 24). Он «...предал их... постыдным страстям...» (ст. 26). Он отпустил их, чтобы они продолжали открыто бунтовать. Множество таких грешников — скорее подавляющее большинство — так и не раскаялись и не вернулись. Но Божья радость изливается на тех, кто раскаивается. И Его милость к ним безгранична.

По мере того как Иисус продолжает рассказывать Свою притчу, становится очевидным, что второй (и противоположный) тип грешника представлен старшим братом. Этот юноша — олицетворение всех внешне благородных, поверхностно нравственных или с виду религиозных грешников, таких как книжники и фарисеи. Вот грешник, который считает, что лицемерие так же хорошо, как и настоящая праведность. То, как он выглядит снаружи, скрывает кипящий внутри бунт.

Старший сын — третий главный герой притчи, и, как оказалось, именно он воплощает в себе основной урок истории. Его отличительная черта — обида на младшего брата. Но, что еще хуже, он питает тихо тлеющую ненависть к отцу. И, похоже, уже очень-очень давно. Этот тайный бунтарский дух сформировал его характер самым тревожным образом.

> Старший сын — третий главный герой притчи, и, как оказалось, именно он воплощает в себе основной урок истории.

В Евангелии от Луки 15:25–28 говорится: «Старший же сын его был на поле; и возвращаясь, когда приблизился к дому, услышал пение и ликование; и, призвав одного из слуг, спросил: „Что это такое?“ Он сказал ему: „Брат твой пришел, и отец твой заколол откормленного теленка, потому что принял его здоровым“. Он осердился и не хотел войти».

Люди часто полагают, что старший сын представляет собой истинного верующего, который был верен всю жизнь, но внезапно был застигнут врасплох щедростью отца по отношению к заблудшему брату и поэтому немного расстроился. При таком толковании старший брат нуждался лишь в корректировке отношения к случившемуся.

Однако такое толкование упускает весь смысл притчи. Старший сын *никогда* не был по-настоящему предан своему отцу. Он ни в коем случае не символизирует истинного верующего. Напротив, он изображает религиозного лицемера. В истории Иисуса он символизирует фарисея. Вероятно, вся деревня искренне верила, что он «хороший» сын —

почтительный и верный своему отцу. Он не уходил из дома. Он притворялся верным сыном. Но на самом деле не испытывал ни подлинного уважения к отцу, ни интереса к тому, что его радует, ни любви к отцовским ценностям, ни заботы о своем нуждающемся младшем брате. Все это становится ясно по мере развития сюжета.

> Старший брат оказывается таким же потерянным сыном, безнадежно порабощенным грехом, как и его младший брат. Просто он не хочет признаваться в этом ни себе, ни другим.

Старший брат оказывается таким же потерянным сыном, безнадежно порабощенным грехом, как и его младший брат. Просто он не хочет признаваться в этом ни себе, ни другим.

ПЕРЕСКАЗ ИСТОРИИ С ТОЧКИ ЗРЕНИЯ ФАРИСЕЯ

Иисус был мастером рассказывать истории и точно знал, как вовлечь слушателей в Свои рассказы. Фарисеям предстояло стать частью этой истории самым неожиданным образом. Они следили за ходом повествования и выносили этические суждения при каждом повороте сюжета. Но до сих пор они слушали как сторонние наблюдатели. Еще недавно они спокойно стояли в стороне, не осуждая блудного сына, его отца и даже Иисуса.

Фарисеям всегда нравились подобные истории. Для истинного фарисея быть шокированным и возмущенным поведением других людей — просто забава. Поэтому они внимательно следили за историей Иисуса, хотя бы для того, чтобы покритиковать Его впоследствии.

Но затем Иисус изобретательно обличил фарисеев и «поместил *их* под микроскоп».

Представьте на мгновение, что вы один из книжников или фарисеев — законник, который слушает, как Иисус рассказывает эту притчу. По вашей оценке, практически все, что делали герои этой истории до сих пор, было пронизано стыдом и позором: выходки блудного сына были скандальными; поспешное прощение отца казалось ужасающим; и все это завершилось еще одним позорным событием — огромным пиром, на котором все жители деревни радовались.

Попутно вы издавали вздохи, восклицания и жестикулировали во всех местах истории, где считали нужным выразить неодобрение. Когда сын потребовал свое наследство, вы глубокомысленно нахмурились и покачали головой. Когда отец дал ему то, что он просил, вы пробормотали в знак протеста. Когда юноша быстро растратил все свое богатство, вы воскликнули, что это позор. Когда он устроился пасти свиней, вы ахнули от ужаса и развели руками. И так далее. Некоторые события в этой истории казались вам непонятными, например раскаяние блудного сына и его решение вернуться домой. Но потом вы вдруг снова возмутились неожиданным милосердием отца. И наконец, тщательно подготовленный пир просто оставил вас в недоумении.

На ваш взгляд, решение отца праздновать возвращение сына — в некотором роде самое тревожное событие до настоящего времени. Это то, что вы не могли предвидеть, и сейчас вам не нравится, куда движется повествование.

Тем не менее история привлекла вас, потому что ее главные темы — те самые, которые волнуют вас больше всего: получить признание, а не быть опозоренным; заслужить одобрение, а не гнев; сохранить вид праведника, вместо того чтобы открыто грешить; быть вознагражденным за хорошие поступки и не быть презираемым за плохие. Вы следили за этой историей и ожидали, что те, кто поступил так позорно, в конце концов каким-то образом пожнут соответствующие последствия.

Короче говоря, вы ждете, что кто-то из персонажей сделает что-то, что вы считаете правильным и благородным. Старший брат — ваша последняя, лучшая надежда. Вот он, тот, с кем может сравнить себя любой фарисей. Вы думаете про себя: «Наконец-то этот парень все исправит».

СТАРШИЙ БРАТ ЗАНИМАЕТ ЦЕНТРАЛЬНОЕ МЕСТО

В тот день брат блудного сына был в поле. Скорее всего, он руководил слугами, которые выполняли тяжелую работу, пока он говорил им, что делать. Сыновьям знатных людей такого уровня обычно не требовалось делать никакую грязную работу. И поскольку юноша, очевидно, был так же озабочен сохранением своего статуса, как и фарисеи, кажется маловероятным, чтобы он делал что-то недостойное его положения в обществе. Но тем не менее он был «на поле» (Лук. 15:25) и поэтому совершенно не знал обо всем, что происходило в жизни его отца в тот день. Это означало, что он также не знал о празднике, который уже начался в его доме, хотя вся деревня шумела по этому поводу уже несколько часов.

По всей видимости, когда старший брат вернулся, был уже поздний вечер, вероятно, смеркалось. Об этом можно судить по шуму, который он услышал, когда подошел. Подобные праздники начинались не в конкретное время (тогда не было часов, как в наши дни). Еще до окончания рабочего дня делали объявление, в данном случае это было общее приглашение для всех жителей деревни и ее окрестностей: «Приходите! Мы закалываем откормленного теленка. Сын хозяина вернулся домой, и у них будет пир». Люди начинали приходить поздно вечером, после того как заканчивался рабочий день и они одевались к празднику. Настоящее веселье начиналось около заката, и по мере того, как прибывало все больше и больше людей, праздник становился все громче и оживленнее. Пение и ликование продолжались до самой ночи.

Празднование было уже в полном разгаре, когда прибыл старший сын и к своему полному удивлению обнаружил, что происходит. Перечисленные подробности важны сразу по нескольким причинам. Во-первых, подробное описание — еще одно доказательство того, что владения этой семьи были огромными, а земли — обширными. Во-вторых, поле, на котором работал старший брат, должно быть, находилось далеко от пира, раз он не знал о том, что происходило в доме отца и в деревне весь день, не слышал музыкантов и не видел танцоров и сотни гостей. Кроме того, его поздний приход указывает на то, что он прибыл издалека.

Однако еще более значимо то, что он пришел на этот праздник, совершенно не подозревая о том, что такое мероприятие было запланировано. Это было самое грандиозное событие, которое когда-либо видела деревня, самый большой праздник, который когда-либо устраивала его семья, и он ничего об этом не знал.

Поразительно, что ни отец, ни кто-либо другой не сообщил старшему сыну о возвращении брата. В суматохе никто не отправил для него гонца с радостной вестью, и (что еще более показательно) его даже не попросили помочь в подготовке к празднику. Это крайне удивительно, ведь при таком количестве дел и людей, требующих контроля, помощь первенца хозяина, несомненно, была бы очень полезной. Более того, в той культуре ответственность за организацию и контроль за проведением подобных мероприятий обычно ложились на плечи старшего сына. Организация праздников вряд ли была обязанностью патриарха.

> Поразительно, что ни отец, ни кто-либо другой не сообщил старшему сыну о возвращении брата.

Однако в этом случае еще до появления старшего сына все приготовления были завершены, вся деревня созвана, музыканты и танцоры уже вели праздник, который шел полным ходом. Почему же ему не сказали об этом раньше?

Есть только одно логичное объяснение. У старшего сына отношения с отцом были не лучше, чем у блудного, когда тот покинул дом. Отец, несомненно, знал об этом, даже если никто другой не догадывался. Конечно, старший брат все еще жил дома. Сторонний наблюдатель мог и не заметить явного напряжения между отцом и его первенцем. Но вся его мнимая верность и подчинение отцовской воле были лишь притворством. Это был не более чем способ получить то, что он хотел, — одобрение, принятие, богатство, землю и престиж в обществе. На самом деле юноша был так же отчужден от отца, как и открыто бунтующий младший брат.

Старший брат уже в самом начале притчи явно подтвердил это, когда не сделал ничего, чтобы отговорить брата взять свою часть наследства и уйти из дома. Если бы его хоть немного интересовала честь отца, он бы сделал что-то, чтобы защитить ее. Вместо этого он с радостью принял свою часть наследства, несомненно, довольный тем, что извлек столь большую выгоду из открытого бунта младшего брата и сохранил при этом видимость собственной порядочности. На самом деле старший сын был виновен в более пассивной, но не менее зловещей форме бунтарства, и его действия доказывают это. У него не было теплых отношений ни с кем в семье — ни с отцом, ни тем более с младшим братом.

> На самом деле старший сын был виновен в более пассивной, но не менее зловещей форме бунтарства, и его действия доказывают это.

Тот факт, что его не позвали сразу же, как только появился блудный сын, служит явным доказательством того, что отец видел, что скрывалось в сердце старшего брата. Отец знал истинную правду о своем первенце, даже если она не была очевидна для всех остальных.

Именно поэтому праздник начался без него. Отец, вероятно, предвидел, как старший брат отреагирует на возвращение младшего домой, и поэтому намеренно не стал привлекать его раньше времени. Он не хотел, чтобы кислое и угрюмое настроение юноши испортило такой праздник. Кроме того, пассивно-агрессивная враждебность первенца не только не помогла бы, но и стала бы серьезным препятствием в подготовке такого большого торжества. Поэтому отец просто позволил старшему сыну остаться в поле, а сам занялся организацией праздника, пригласил гостей, начал пир и выступил в роли единственного хозяина.

ВОЗВРАЩЕНИЕ НА РОДИНУ ДРУГИМ ЧЕЛОВЕКОМ

Как бегство младшего сына в дальние страны показывает, насколько плохо он относился к отцу, так и пребывание старшего сына в поле выдает его отношение к собственной семье. Оба сына находились вдали от отца. В конце концов они оба вернулись домой, но с совершенно разным отношением и совсем в разное время.

Когда старший сын подошел к дому, он «услышал пение и ликование» (ст. 25). Это было типично для свадебных пиров и других торжественных событий. Звучала праздничная музыка, которую обычно исполняли профессиональные музыканты и певцы, нанятые, чтобы создать самое радостное настроение. К пению присоединялись голоса гостей, группа мужчин обычно образовывала круг и танцевала, а женщины и дети стояли по внешнему периметру, ритмично хлопая в ладоши и подпевая. Было очень громко и шумно, и старший сын, вероятно, услышал все это, находясь еще более чем за полмили от торжества.

В воздухе витал запах жареного мяса. Откормленный теленок был заколот. Как правило, мясо разделывали на большие куски, которые медленно готовили в дровяных хлебных печах. Крупные части телячьего жаркого запекались последовательно, так что пока люди, пришедшие раньше, ели, мясо постоянно готовилось для тех, кто приходил позже. Подача блюд продолжалась часами и превращалась в бесконечный шведский стол. Аромат от такого количества мяса, готовящегося в печах на фруктовых дровах, наполнял атмосферу восхитительным запахом, который к тому же разносился на немалое расстояние.

Старший сын, вернувшись с поля и не имея ни малейшего представления о том, что все это значит, без труда уловил в воздухе все признаки большого праздника. Он был удивлен и по понятным причинам любопытен. *Что это может означать?*

Разумеется, у него не было никаких оснований для негативных предположений. Любой человек, увидевший такую картину, *должен* встретить ее с самыми смелыми ожиданиями и теплым сердцем. Музыка и танцы ясно давали понять, что он попал на праздник, а не на похороны. Он должен был с воодушевлением узнать, какая потрясающая новость послужила поводом для незапланированного торжества такого масштаба. Можно было бы подумать, что он побежит на шум и сам все увидит.

Но не тут-то было. Молодой человек явно был в настроении «стакан наполовину пуст, а не полон». Он видел что-то подозрительное и неладное. (Законники почти всегда всех подозревали в чем-то, особенно когда сталкивались с радостными людьми.) Он был ошеломлен, растерян и явно не очень доволен тем, что в его доме, без его ведома, полным ходом идет такое торжество. В конце концов, когда он выходил в поле тем утром, это был такой же день, как и все остальные. Теперь же он вернулся домой в поздний час и без всякого предупреждения обнаружил, что самый большой праздник, свидетелем которого он когда-либо был, уже начался, причем под его собственной крышей.

Удивление старшего брата вполне объяснимо, но его крайнее возмущение не так легко оправдать. Судя по его реакции, он с самого начала предполагал, что какая бы новость ни вызвала такую безумную радость отца, его она приведет в негодование. Поэтому «...призвав одного из слуг, спросил: „Что это такое?“» (ст. 26).

> Удивление старшего брата вполне объяснимо, но его крайнее возмущение не так легко оправдать.

ПРОТЕСТ, КОТОРЫЙ ПОНРАВИТСЯ ТОЛЬКО ФАРИСЕЮ

Если бы сердце старшего сына было правильно настроено — если бы в нем была хоть частичка искренней любви или подлинной заботы о ком-то в его семье, кроме него самого, — в тексте было бы сказано: «Он побежал в дом посмотреть, почему все радовались». Если бы его сердце не было полностью лишено естественной привязанности к отцу, он бы побежал прямо к нему, обнял его и спросил: «Какую славную новость мы празднуем? Что происходит?» Тогда отец сказал бы: «Твой брат вернулся домой», и они обнялись бы и радовались вместе со слезами на глазах.

Старший сын должен был хорошо знать, как сильно отец любил младшего брата. Любому было понятно, какое горе постигло мужчину, когда юноша взбунтовался, и какую боль он носил в своем сердце каждый день с тех пор, как блудный сын убежал. Если бы оставшийся дома старший брат действительно любил своего отца, то все, что радовало родителя, приносило бы радость и ему, *особенно* то, что так близко и дорого отцовскому сердцу.

Но старший брат отреагировал иначе. Он остался на улице, не доходя до дома, и намеренно держался на расстоянии от праздника. Прежде чем даже подумать о том, чтобы присоединиться к торжеству, он потребовал объяснений, что происходит. В стихе 26 говорится: «...и, призвав одного из слуг, спросил: „Что это такое?"»

Греческое слово, переведенное в этом стихе как «слуга», означает мальчика-подростка. Все взрослые слуги, конечно, находились внутри и заботились о гостях. Естественно, у слуг, живших в таком большом поместье, как это, были свои семьи. Некоторые из членов этих семей были маленькими детьми. Их называли «слугами» в силу того, что они родились в семьях прислуги. Иногда они даже выполняли поручения хозяина, но были еще слишком малы, чтобы быть полезными во время торжественных мероприятий. Поэтому они играли вместе на задворках праздника.

Такое грандиозное событие с таким количеством еды и возможностью засидеться до поздней ночи, очевидно, приносило радость и детям. Они устраивали собственный маленький праздник на улице, и таким образом даже отроки слуг становились участниками чудесного торжества.

Очевидно, это была первая группа людей, которую встретил старший брат, направляясь к дому. Конечно, он был человеком самого высокого статуса в доме, поэтому дети слуг не могли общаться с ним непринужденно. При его приближении они даже сбавили свою оживленную болтовню до шепота. Но старший сын хозяина подозвал одного из них и спросил, в чем дело. Язык, который использовал Иисус, говорит о том, что сын *требовал* объяснений не от своего отца, а от того, кого совсем запугал. Время глагола в стихе 26 несовершенное, что подразумевает повторное действие: «Он *продолжал* спрашивать». Это говорит о том, что он засыпал мальчика вопросами: «Что происходит? Как так получилось, что я не знал об этом? Почему со мной даже не посоветовались?»

Мальчик-слуга, судя по его ответу, ожидал, что старший брат радостно воспримет эту новость: «Брат твой пришел, и отец твой заколол откормленного теленка, потому что принял его здоровым» (ст. 27). Греческое выражение, переведенное как «здоровый», имеет тот же корень, от которого происходит наше слово «гигиена». Оно говорит о целостности, очищении и здоровье. Мальчик-слуга сообщал не просто о том, что блудный сын наконец-то вернулся домой из далекой страны, но и о его кардинальном изменении к лучшему. Что еще важнее, отец *принял* его. Их отношения были восстановлены. В этом и заключалась суть праздника. Откормленный теленок, которого готовили для другого торжества, был заколот для этого. Краткий рассказ мальчика-слуги подытожил события всего дня в удивительно коротких словах. Он поведал старшему брату все, что ему было нужно знать.

Но старший брат отнюдь не был рад этой новости. Учитывая культурный контекст, серьезность греха юноши и то, что старший брат еще не видел блудного сына и не слышал из его собственных уст слов покаяния, мы не можем ожидать, что он мгновенно начнет ликовать, как его отец. Но если бы старший сын испытывал хоть какую-то любовь к отцу, он бы не отреагировал на возвращение брата как на *плохую* новость. По крайней мере он должен был испытать чувство облегчения, узнав, что его брат благополучно вернулся домой. Он видел бунт блудного сына. Он прекрасно знал, с каким злым, саморазрушительным настроем юноша ушел из дома. Разве не было бы логично, если бы он обрадовался, узнав, что его брат жив, и проявил любопытство к тому, как изменился юноша?

Но он не сделал ни того, ни другого. Вместо этого он немедленно вспыхнул гневом. Он отказался войти в дом.

ИСТИННЫЙ ХАРАКТЕР СТАРШЕГО СЫНА РАСКРЫТ

Не упустите настоящую причину сильного недовольства старшего брата. Как мы увидим в следующей главе, вся эта ярость была направлена не столько на блудного сына, сколько непосредственно против отца. Первенец явно не испытывал привязанности к младшему брату, но, кроме того, его сильно возмущал отец.

> Первенец явно не испытывал привязанности к младшему брату, но, кроме того, его сильно возмущал отец.

Из рассказа слуги он понял, что отец примирился с блудным сыном. Отец не только «принял его здоровым», но и «заколол откормленного теленка» (ст. 27). Смысл подобного жеста был очевиден. Отец уже полностью простил блудного сына, и они окончательно примирились.

Дело даже не в том, что провинившийся юноша пришел за помощью и сердобольный отец теперь думал, как его наказать. Очевидно, отец не требовал от младшего сына возмещения ущерба и не придумывал, как ему заслужить примирение. Сейчас в этом не было необходимости. Всем было очевидно, что отец уже принял сына с миром, полностью простил его и теперь устраивает пышное торжество, чтобы почтить, а не опозорить мальчика.

Хуже всего то, что для этого отец тратил средства, которые по наследству должны были перейти старшему брату. То есть, по сути, отец уменьшил будущее имение «верного» сына.

Поймите: старшему сыну было совершенно наплевать на радость, наполнявшую сердце отца. Его не интересовало участие в празднике. Все, что его волновало, — это его собственные права и имущество. Старший брат был таким же самовлюбленным и лишенным благодарности к отцу, как и блудный сын в начале притчи.

Впервые во время рассказа Иисуса фарисеи подумали: «Да! Это именно то, что нужно! Это именно то, что должен чувствовать любой уважающий себя человек. Он вправе возмущаться. Мы тоже возмущены. Вся эта история описывает одно зверство за другим, и давно пора кому-то из ее участников высказаться об этой проблеме напрямую».

Это точное отражение того, что мы видели в самом начале 15-й главы Евангелия от Луки: «Приближались к Нему все мытари и грешники слушать Его. Фарисеи же и книжники роптали, говоря: „Он принимает грешников и ест с ними“» (ст. 1–2). Книжники и фарисеи остались за пределами праздника. Они негодовали. Они были возмущены всем происходящим. События были скандальными и оскорбляли их достоинство.

Старший сын — идеальный образ фарисеев. Он не ценил благодать, потому что думал, что она ему не нужна. Как мы вскоре увидим, он считал, что *заслужил* полное одобрение отца, не прибегая к особой милости или благодати. Если он не нуждался в благодати и даже не думал просить о ней, то, естественно, не понимал, почему она должна быть оказана кому-то еще.

По правде говоря, он даже не верил в благодать. Возможно, просто на словах. Может быть, он говорил о Божьем милосердии и прощении, как будто действительно верил в эти добродетели. Но на самом деле он думал о них как о милостях, которые нужно заслужить, а не как о благословениях, которые могут быть дарованы безвозмездно. Он не понимал, что такое незаслуженная благосклонность. Сама идея бесплатного прощения была ему отвратительна.

Естественно, что при таком взгляде на благодать прощение блудного сына отцом выглядело как намеренное оскорбление первенца. Блудный сын получал почести, которых старший, «более верный», юноша никогда не удостаивался. Для него происходящее было оскорбительным. Он был ошеломлен. Он был в ярости. Он был растерян. Но в основном он был возмущен.

По-человечески такая реакция может показаться понятной. Однако действия первенца послужили окончательным доказательством того, что он не любил отца по-настоящему. Если бы он действительно хотел почтить отца, то возвращение грешника было бы прекрасной возможностью сделать это. Если бы он не был так зациклен на себе, на своем превосходстве, на собственном имуществе и своих эгоистичных планах, он мог бы это увидеть. Но дело в том, что втайне он был гораздо *большим* бунтарем, чем блудный сын. Он не так явно выказывал свое презрение к отцу, как к брату, но в глубине души питал ту же злобу, эгоизм и те же похоти. Он изо всех сил старался тщательно скрывать свой недовольный настрой, но тем самым лишь добавлял лицемерие к списку злодеяний, которые совершил против своего отца. Упорный отказ попытаться понять отца и раскаяться в своем эгоцентризме — вот что сделало его бунт еще хуже, чем бунт младшего брата.

Именно в таком духовном состоянии находились книжники и фарисеи, которые критиковали Иисуса за общение с грешниками. Именно такую зацикленность на себе и эгоцентричный религиозный пыл они считали нормальными. Иисус сравнил их

> Дело в том, что втайне он был гораздо *большим* бунтарем, чем блудный сын.

с окрашенными гробами, «...которые снаружи кажутся красивыми, а внутри полны костей мертвых и всякой нечистоты...» (Матф. 23:27). Они были религиозными лицемерами, которые оставались рядом с домом Божьим ради того, чтобы поддерживать благочестивый образ. Но втайне они наслаждались всеми теми же пороками, что и неверующие.

Даже вся религиозная деятельность фарисеев на самом деле была направлена только на их саморекламу. Возможно, они действительно думали, что заслуживают благоволения Бога, но они были полностью отчуждены от Бога. У них не было искреннего желания почитать Его. Они не были заинтересованы в небесной радости. Более того, они терпеть не могли такую радость, потому что это было ликование по поводу покаяния грешников, а они, в свою очередь, отказывались признавать собственную нужду в покаянии. Поэтому фарисеи открыто отвергали эту радость и глубоко возмущались теми, кто покаялся.

Когда Иисус продолжил притчу и фарисеи начали узнавать себя в старшем брате, их ропот и недовольство, должно быть, стали нарастать оглушительным крещендо. Урок, который Господь закладывал с самого начала притчи, должен был стать более чем очевидным, и, возможно, на данном этапе фарисеи поняли мораль истории.

ГЛАВА 10
ИСТИННЫЙ ХАРАКТЕР

Но он сказал в ответ отцу: «Вот, я столько лет служу тебе и никогда не преступал приказания твоего, но ты никогда не дал мне и козленка, чтобы мне повеселиться с друзьями моими...»
— Луки 15:29

Те, кто знаком с притчами Иисуса, наверняка знают, что сюжет, персонажи и главный урок истории о блудном сыне имеют ряд интригующих сходств с гораздо более короткой притчей, записанной в 21-й главе Евангелия от Матфея. Эта притча тоже была о двух сыновьях. Иисус рассказал ее в разгар одной из самых напряженных Своих встреч с религиозной элитой Израиля.

Притча из 21-й главы Евангелия от Матфея особенно примечательна своим противодействием, направленным прямо на первосвященников и старейшин — высших религиозных лидеров во всем Израиле того времени. Иисус рассказал ее на *их* территории (по крайней мере, они так думали) — на территории храма в Иерусалиме. Именно они устроили

> **Иисус использовал притчу о блудном сыне, чтобы проиллюстрировать и разоблачить лицемерие фарисеев.**

эту враждебную встречу, чтобы обвинить *Его*. Но Он изменил ход событий и поставил их на место. Иисус использовал притчу о блудном сыне, чтобы проиллюстрировать и разоблачить лицемерие фарисеев. Затем Он заставил их собственными устами признать, что лучше открытому грешнику покаяться, чем тому, кто отрицает свою греховность, скрывать свой грех за фасадом благопристойного лицемерия.

Эти священники (мягко говоря) не привыкли к такому перекрестному допросу. Но Иисус все еще не закончил. Вслед за притчей Он резко осудил весь их подход к религии. Вот вкратце, что произошло.

Это было в конце земного служения Иисуса. За день до этого Он во второй и последний раз за три года Своего служения очистил храм (Матф. 21:12–14; ср. Иоан. 2:13–18), изгнав из него торговцев и меновщиков денег, которые незаконно наживались на верующих и создавали в храме атмосферу ярмарки. Тогда группа видных храмовых властителей публично подошла к Нему и спросила: «Какою властью Ты это делаешь? И кто Тебе дал такую власть?» (Матф. 21:23). Наконец-то они заставили Иисуса открыто заявить, чья власть стоит за Его учением.

Конечно, к тому времени они уже прекрасно знали ответ Иисуса на свой вопрос. Похоже, они искали способ обвинить Его в богохульстве. И если они не могли этого сделать, то, возможно, нашли бы способ опозорить Его. Поэтому они решили задать Ему вопрос, который, как они были уверены, загонит Его в угол. Если Он будет утверждать, что учит с Божьей властью, они обвинят Его в богохульстве. Если же Он заявит о каком-то меньшем авторитете, то они смогут попрекнуть Его, ссылаясь на свою традицию.

Иисус согласился ответить фарисеям, но только если они сначала ответят на аналогичный вопрос, который Он задал им. Его вопрос касался того, чьей властью крестил Иоанн: «...откуда было: с небес или от человеков?» (Матф. 21:25).

Теперь Он загнал *их* в угол. Поскольку Иоанн Креститель открыто враждовал с узаконенным лицемерием израильской религиозной элиты (Матф. 3:7–11), его огромная популярность среди простого народа представляла для них опасность. Большинство людей в Израиле твердо верили, что Иоанн — великий пророк, поэтому, если бы руководители храма открыто поставили под сомнение авторитет Иоанна, они могли бы ожидать серьезной ответной реакции. Но если бы они подтвердили его авторитет, то были бы осуждены за то, что не последовали за ним.

Иоанн Креститель был обезглавлен Иродом по меньшей мере за год до этого (Матф. 14:1–11). Это решило одну проблему для иудейских лидеров, заставив замолчать того, кого они считали надоедливым человеком и фанатиком. Но это также сделало Иоанна мучеником, резко повысив его популярность во всем Израиле. Поэтому религиозным лидерам отчаянно нужно было притвориться, будто они нейтрально относятся к Иоанну Крестителю, хотя на самом деле они противостояли всему, за что он выступал, и старались не говорить о нем.

Вопрос Иисуса давил прямо на их больное место. В любом случае, если бы они ответили, то подверглись бы презрению со стороны народа. Поэтому они просто отказались отвечать и притворились невеждами: «Не знаем» (Матф. 21:27).

Иисус также отказался отвечать на их вопрос о Его власти. Но теперь у Него был *другой* вопрос к ним. Он задал его им, рассказав притчу о двух сыновьях:

> У одного человека было два сына; и он, подойдя к первому, сказал: «Сын! Пойди сегодня работай в винограднике моем». Но он сказал в ответ: «Не хочу». А после, раскаявшись, пошел. И подойдя к другому, он сказал то́ же. Этот сказал в ответ: «Иду, государь», и не пошел. Который из двух исполнил волю отца? Говорят Ему: «Первый». Иисус говорит им: «Истинно говорю вам, что мытари и блудницы вперед вас идут в Царство Божие...» (ст. 28–31)

В этом отрывке используется чрезвычайно грубый язык, с необычайно острыми словами. Не упускайте из виду суровый тон Иисуса, когда читаете этот текст. Большинство людей, как тогда, так и сейчас, были бы совершенно обескуражены простотой, безоговорочной прямотой языка Иисуса, а также Его суровым отношением к религиозной элите. Но обстоятельства требовали именно такой пронзительной тревоги.

Обратите внимание, что символизм двух сыновей в этой притче предельно ясен из ее контекста. Сын, который сначала взбунтовался, а потом смирился, представляет «мытарей и блудниц», пришедших к Иисусу за милостью и прощением. Сын, который сказал, что будет слушаться, но не послушался, символизирует религиозную элиту — людей, которые всячески притворялись верными и послушными, но на деле были худшими из неверующих бунтарей.

Близкие параллели между этой притчей и притчей о блудном сыне слишком очевидны, чтобы их не заметить. Символизм двух сыновей в обеих притчах совершенно одинаков. История из 21-й главы Евангелия от Матфея практически повторяет притчу о блудном сыне, за исключением красочных деталей сюжетной линии. Иисус говорит, по сути, о том же. Он показывает, насколько глупо полагать, что такие лицемеры, как книжники и фарисеи, заслуживают Божьего одобрения.

В конце концов Иисус сказал, что раскаявшиеся мытари и блудницы войдут в Царство Небесное, но самые усердные религиозные фарисеи — нет, если только они тоже не покаются и не признают свою полную зависимость от Божьей благодати и Его праведности, а не от собственных добрых дел и самоправедности.

> Притча сводится к следующему: это очень серьезный и срочный призыв к пробуждению для книжников, фарисеев, первосвященников и всех остальных религиозных людей, которые самоправедны и очень критичны к остальным.

В этом, как мы видим, и заключается смысл притчи о блудном сыне. В конце всех красочных деталей, шокирующих поворотов сюжета и даже искупления блудного сына притча сводится к следующему: это очень серьезный и срочный призыв к пробуждению для книжников, фарисеев, первосвященников и всех остальных религиозных людей, которые самоправедны и очень критичны к остальным. Какие черты присущи таким людям? Некоторые из этих качеств хорошо видны в старшем брате блудного сына, когда он гневно отвечает своему отцу.

НЕПРИЯЗНЬ К ПРАЗДНИКУ

Давайте продолжим размышления с того места, на котором остановились в конце предыдущей главы. Старший брат, вернувшись поздно домой, застает там праздник, подобного которому он никогда не видел. Он только что узнал от мальчика-слуги, что младший брат вернулся домой, что отец уже простил блудного сына и принял его с радостью, а также зарезал откормленного теленка, чтобы устроить большой пир в честь спасения юноши. Как мы видели в предыдущей главе, старший брат спросил, что происходит, и не получил никакого объяснения. Он больше не искал дополнительной информации. Он уже достаточно услышал. «Он осердился и не хотел войти» (Лук. 15:28).

Его гнев дает нам возможность понять его истинный характер. Здесь раскрывается то, что он все это время держал в себе. Возможно, старший сын изо всех сил старался сохранить достойный вид, но внутри был полон горечи, которая уже достигла точки кипения и была готова взорваться при малейшей провокации.

Чем же на самом деле возмущался старший сын? Радость отца по поводу покаяния и возвращения младшего сына не была для него оскорблением. Отец не презирал своего старшего сына только потому, что простил младшего. Выражая огромную любовь к блудному сыну и радуясь его возвращению, отец не говорил ничего негативного о своем первенце. Родительская любовь бесконечна, поэтому сильная любовь к одному сыну не уменьшает чувств ко второму. Конечно, отец должен был радоваться возвращению потерянного сына, не опасаясь, что это оскорбит сына, который не убегал из дома.

Но, как мы видели в предыдущей главе, в повествовании есть множество явных свидетельств того, что старший сын был таким же бунтарем, как и блудный в пору своего безрассудства. Его поведение отличалось от поведения брата, но сердце было полно тех же похотей и желаний. Мы уже видели одно проявление бунтарства первенца в его нерешительности и подозрительности, когда он впервые пришел и узнал о празднике. А теперь, вне всякого сомнения, его бунтарская натура становится явной из-за капризного отказа участвовать в великой радости отца.

К этому времени фарисеи, вероятно, уже осознали, что образ старшего брата, описанный Иисусом, служил зеркалом, в котором они могли увидеть себя. Но если вдруг они еще не догадались, то предложение «он осердился и не хотел войти» точно должно было навести их на мысль об этом.

Давайте вспомним, что положило начало этой череде притч: жалоба книжников и фарисеев на то, что Иисус «...принимает грешников и ест с ними». Все, начиная с этого заявления (ст. 2) и заканчивая тем, что «он... не хотел войти» (ст. 28), неуклонно шло к разоблачению греховности фарисеев.

> К этому времени фарисеи, вероятно, уже осознали, что образ старшего брата, описанный Иисусом, служил зеркалом, в котором они могли увидеть себя.

Радость пронизывает всю остальную часть 15-й главы Евангелия от Луки. Пастух, нашедший овцу, был так рад, что устроил торжественный праздник для всех «друзей и соседей» (ст. 6). Женщина, которая искала и наконец нашла потерянную драхму, не могла сдержать радости, поэтому созвала своих «подруг и соседок» на празднование (ст. 9). Благодарный отец блудного сына был так рад его возвращению, что устроил самый грандиозный пир и пригласил весь город. Поэтому нет сомнений в том, что неописуемая радость от обретения потерянного — это повторяющаяся тема, которая доминирует во всей главе.

Во всех трех притчах только один человек отказался от приглашения радоваться — этот сердитый старший брат. Его угрюмость тем более примечательна, что она выделяется на фоне всеобщей радости.

Смысл *должен* был быть предельно ясен: поскольку эти три притчи были уроками о том, как Бог радуется спасению грешников, и поскольку праздники символизировали пир искупленных, которые участвуют в небесной радости, то сын, который гневно стоит за пределами пира и отказывается войти, должен признать, что исключил себя из Царства Божьего насовсем. Другими словами, когда сын-первенец скрестил руки, настоял на своем и отказался войти на праздник отца, это было иллюстрацией

> Сын, который гневно стоит за пределами пира и отказывается войти, должен признать, что исключил себя из Царства Божьего насовсем.

того, что Сам Иисус пояснил в конце притчи о двух сыновьях в 21-й главе Евангелия от Матфея, когда Он обратился к религиозным лидерам и сказал: «Истинно говорю вам, что мытари и блудницы вперед вас идут в Царство Божие...» (Матф. 21:31).

Брат блудного сына дает нам яркое представление о том, как фарисеи смотрели на вещи. Он показывает, почему они были так надменны и ненавистны в общении с другими людьми. Они презирали идею о том, что Божьей благодати достаточно для спасения грешников. Их возмущала милость немедленного прощения. Они насмехались над учением Иисуса о том, что грешники могут быть оправданы верой и мгновенно примириться с Небесным Отцом.

Большинство фарисеев всю жизнь трудились, чтоб стать достойными и добиться Божьего расположения. И все же некоторые из самых развращенных грешников в той культуре (мытари, блудницы и бесноватые) находили мгновенное прощение и близость со Христом. Как правило, Он прощал их в тот самый момент, когда они начинали выражать свое покаяние. Но фарисеев даже не попросили проследить за приготовлениями к праздничному пиру. Это было несправедливо. Это был не тот Мессия, на которого они рассчитывали.

Теперь давайте признаем, что в позиции фарисеев есть доля истины. *Конечно*, грешники не заслуживают прощения и вечной жизни. Блудный сын не заслужил той благосклонности, которую проявил к нему отец. Это чистая правда, и ни один прощенный грешник или восстановленный блудный сын не станет утверждать обратное.

Но главная ошибка фарисеев заключалась в том, что они считали, что могут заслужить Божью благосклонность.

Старший брат собирался высказать именно

> Главная ошибка фарисеев заключалась в том, что они считали, что могут заслужить Божью благосклонность.

это мнение, и любой фарисей, который был честен с самим собой, должен был признать, что полностью разделяет эту гордую точку зрения:

> 99 Но он сказал в ответ отцу: «Вот, я столько лет служу тебе и никогда не преступал приказания твоего, но ты никогда не дал мне и козленка, чтобы мне повеселиться с друзьями моими; а когда этот сын твой, расточивший имение свое с блудницами, пришел, ты заколол для него откормленного теленка» (Лук. 15:29–30).

Мы подробнее рассмотрим этот небольшой монолог до конца главы, а пока обратим внимание на самую главную проблему, связанную со взглядами старшего сына: презирая милость отца, он осуждал себя. Хотел ли он признавать это или нет, но старший брат нуждался в прощении и милости отца не меньше, чем блудный сын. Вместо того чтобы возмущаться добротой отца к брату, этот сын должен был с большим желанием участвовать в празднике, потому что тоже отчаянно нуждался в подобном милосердии. Если бы он просто честно осознал порочность своего сердца, то ухватился бы за милость отца как за величайшую причину для радости.

Те же самые истины действуют и в духовной сфере. Без Божьей благодати никто не способен ни на что, *кроме* греха. Поэтому те, кто презирает концепцию удивительной благодати, только осуждают себя. Их дела могут казаться хорошими на поверхностном уровне. Они могут быть очень впечатляющими с чисто человеческой точки зрения.

Но Писание ясно говорит: все человеческие дела, религиозные подвиги и праведные поступки, совершенные с целью получить Божье одобрение, в Его понимании как запачканная одежда (Ис. 64:6). Они запятнаны нечистыми побуждениями. Они совершаются из желания возвеличить себя, а не ради Божьей славы. Поэтому они питают греховную гордыню и порождают грубое лицемерие. Религиозные дела, лишенные благодати, несовершенны по всем меркам, и поэтому они крайне отвратительны для Бога, Который не может мириться ни с какими стандартами, кроме как со Своим собственным совершенством.

Это значит, что милость — *единственная* надежда для любого грешника. Вот о чем эта притча, и вот что символизирует прощение блудного сына. Те, кто каются и обращаются ко Христу, получают полное прощение и сразу же покрываются одеждой Его совершенной праведности. Таким образом, они соответствуют невозможному стандарту, которого требует Бог, — не благодаря каким-либо собственным действиям, а благодаря тому, что Христос делает за них. Именно так Бог оправдывает нечестивых (Рим. 3:26).

И именно поэтому то же самое высокомерное, гневное отношение фарисеев, которое заставляло их возмущаться благодатью Христа, проявленной к грешникам, стало залогом их собственной гибели.

ВРАЖДА С ОТЦОМ

Отец и его сын-первенец в этой притче представляют собой пример противоположностей. Отец добр и милосерден, и он радуется, когда его младший сын кается. Старший же брат эгоцентричен и жесток сердцем, и он действительно разозлился из-за доброты отца к нуждающемуся брату. Это жалкое проявление детского раздражения достойно немедленного упрека со стороны отца.

Но отец обращался к старшему сыну с такой же нежностью и милосердием, что и к младшему. Когда до отца каким-то образом дошла весть о том, что его первенец стоит на улице и отказывается войти в дом, он, конечно же, понял, что это выражение гневного бунтарства. Пережив горе от неповиновения блудного сына и едва вкусив радость от его возвращения и раскаяния, отец теперь должен был справиться со вторым непокорным сыном.

Бунт, долгое время подавляемый лицемерием старшего сына, теперь вырвался наружу. Отец, несомненно, всегда знал о проклятой вражде, скрытой в сердце сына. (Сыну было практически невозможно сохранить в тайне от отца такую степень неприязни.) Но теперь его презрение к отцу вырвалось на поверхность в виде откровенной дерзости.

> Отец проявил к старшему сыну такую же нежность и милосердие, что и к блудному.

И все же, вместо того чтобы отругать сына (или еще хуже), отец поступил с ним по-родственному: «Отец же его, выйдя, звал его» (Лук. 15:28). Он действительно покинул праздник и вышел на улицу, где дулся старший сын.

Трудно представить, что еще могло заставить отца добровольно оставить столь радостное событие, чтобы подвергнуть себя такому горю. Но он был милостивым человеком и очень любил обоих сыновей. Поэтому он уговаривал старшего сына отбросить горечь, войти в дом и присоединиться к празднику.

Вот еще одно изображение Бога — Христа — как того, кто первым предлагает грешнику мир. Он (всегда) искатель и инициатор. Хотя в той культуре отец все еще имел полное право командовать своим сыном, он не добивался безропотного повиновения. Он уже достаточно насмотрелся на подобное поведение сына. Поэтому вместо того, чтобы приказывать своему первенцу, он страстно умолял его.

Это, кстати, было почти таким же сюрпризом для слушателей Иисуса, как и нежность, которую Отец раньше проявил к блудному сыну.

Отцы в той культуре обычно не умоляли. Им это было не нужно; они обладали властью. И в подобном случае, когда отец, в сущности,

> Вот еще одно изображение Бога — Христа — как того, кто первым предлагает грешнику мир.

был лично оскорблен отказом своего первенца прийти на праздничный пир в его дом, никто в том обществе не стал бы ничего предпринимать, если бы отец отвел мальчика внутрь и публично избил его за дерзость. В крайнем случае он мог бы запереть сына в какой-нибудь комнате, пока с ним не разберутся как следует.

Вместо этого оскорбленный отец покинул собственный праздник, чтобы умолять старшего мальчика отказаться от своего презрительного отношения. Полный милосердия, он обратился к мальчику так же, как к вернувшемуся блудному сыну. Но реакция этого сына была совершенно иной, и это еще больше раскрывает, насколько глубоко укоренилась его обида на отца. Раздосадованный и разгневанный, он сорвал покров с собственного лицемерия и выплеснул свою горечь языком и тоном, которые явно должны были прозвучать как оскорбление. Он был в ярости, и ему было все равно, кто об этом узнает. Посмотрите еще раз на стихи 29–30, на этот раз из Новой американской стандартной Библии[12]:

> Он же, отвечая, сказал отцу своему: «Смотри! Столько лет я служу тебе и никогда не пренебрегал ни одним твоим повелением; и ты никогда не давал мне молодого козленка, чтобы я мог праздновать с моими друзьями; но когда пришел этот сын твой, который с блудницами поглотил твое богатство, ты убил для него тучного теленка».

С первым же словом «Смотри!» глубокая вражда и неуважение к отцу, которые мальчик всю жизнь пытался скрыть от посторонних глаз, внезапно вырвались наружу. Тогда, как и сегодня, для сына такое обращение к отцу было знаком крайнего презрения, и злобность его тона невозможно скрыть даже в печатном варианте: «Смотри! *Столько лет я служу тебе*» (курсив автора. — Прим. пер.).

Даже когда блудный сын был еще в далекой стране, когда он только начал представлять, как вернется и попросит сделать его слугой, он планировал и репетировал, как обратится к своему отцу с предельным уважением и любовью и назовет его «Отец». Первые слова двух сыновей, взятые вместе, представляют собой поразительную противоположность. Бунтарь обращается к своему отцу со смирением и большим почтением: «Отче! я согрешил...» (ст. 18). А якобы хороший, учтивый сын говорит с явным высокомерием и неуважением: «Вот, я столько лет служу тебе...» (ст. 29).

---

[12] Английский перевод Библии New American Standard Bible. — Прим. пер.

Греческий текст еще более показателен. Старший брат использует слово doulos для описания своей роли. Буквально оно означает: «Все эти годы я был твоим *рабом*». Это типичный менталитет законника. Он признавал, что все, что он когда-либо делал для своего отца, он делал по принуждению, а не с радостью. Служение отцу было каторгой, равносильной рабству, по его собственному мнению. Жизнь дома не доставляла ему никакого удовольствия. Он сам не испытывал радости и поэтому ни в малейшей степени не был заинтересован в том, чтобы участвовать в радости отца.

Почему же старший брат все эти годы оставался на работе? Если служба отцу была для него столь отвратительной, почему он просто не ушел из дома, как это сделал младший сын? Ответ прост, если задуматься. Он был первенцем. Он должен был унаследовать двойную часть отцовского наследства, включая лучшую и большую часть земли. Он не собирался отказываться от этого ради денежного вознаграждения, как это сделал его неразумный брат. Но его отношение было таким же, как у блудного сына в самом начале, — возможно, даже хуже. Он тоже, в сущности, желал, чтобы его отец умер и он мог продолжать жить своей жизнью.

В конце концов первенец оказался в том же положении, что и младший сын. Он хотел получить то, что считал своим по праву, — на своих условиях, чтобы жить так, как ему

> Первенец оказался в том же положении, что и младший сын. Он хотел получить то, что считал своим по праву, — на своих условиях, чтобы жить так, как ему заблагорассудится.

заблагорассудится. Просто у него был другой способ достижения этой долгосрочной цели. Ему не хватало смелости младшего брата. Ему недоставало решимости, чтобы убежать. Ему было гораздо проще дождаться смерти отца, и тогда он получит то, что хочет.

СМЕЛОСТЬ В ОПИСАНИИ СЕБЯ

Самооценка старшего сына — один из самых показательных аспектов всей его тирады. Послушайте, как он выражает типичное раздутое самомнение религиозного лицемера: «...я... никогда не преступал приказания твоего...» (ст. 29). Он похож на богатого юношу, который выслушал краткое изложение Иисусом десяти заповедей, а затем легкомысленно ответил: «Все это сохранил я от юности моей; чего еще недостает мне?» (Матф. 19:20).

Что такого есть в лицемерии, что питает гордыню? Можно подумать, что лицемер способен проявлять смирение для равновесия. Ведь он, как никто другой, знает, что то, кем он притворяется, не соответствует тому, кем он является на самом деле. Почему же такие люди неизменно гордятся?

Очевидный ответ заключается в том, что они умеют лгать себе так же хорошо, как и другим. Поэтому они безнадежно обманывают сами себя.

Поскольку лицемер *притворяется* хорошим, у него возникает иллюзия, что он на самом деле *творит* добро, и поэтому он считает *себя* хорошим. Совершая все свои «добрые дела» только ради себя, он, естественно, становится самодовольным. Он зарывает правду о том, кто он есть, так глубоко внутрь, как только может, душит свою совесть и поэтому без труда поддерживает в себе иллюзию, что он никогда не пренебрегал ни одной заповедью.

Похоже, в наши дни мы часто слышим о таких людях. В наш век отсутствия вины, когда общественное образование массово вытравливает совесть, уже два или три поколения приходят к взрослой жизни, будучи тщательно воспитанным в духе самоуважения, которое намеренно учит их верить, что они никогда не ошибаются, несмотря ни на что. Многие знаменитости в мире развлечений умеют вести себя так, как надо. Большинство из них в наши дни не отличаются такой утонченностью или внешней порядочностью, как фарисеи, но они так же убеждены, что если в их жизни что-то не так, то виноват в этом кто-то другой. Однажды в новостях я даже увидел, как осужденный педофил и серийный убийца дает интервью из своей тюремной камеры. На вопрос, почему он решил дать интервью, он ответил: «Я хочу, чтобы люди знали, что я неплохой парень».

Грешные сердца обладают удивительной способностью к самообману, и вы видите это в дерзости старшего сына. Он был твердо убежден, что *заслуживает* всего, что отец дал сыну, который признал, что не заслуживает ничего.

Ирония в том, что, даже выражая этот протест, старший сын своими действиями демонстрировал, что не испытывает ни любви к отцу, ни интереса к любви отца к младшему брату, ни желания участвовать в радости отца, ни собственной радости. Он сказал, что чувствует себя рабом в своем же доме. В его сердце явно копилась обида на отца. Его сердце было убогим. Он был так же отчужден от отца, как и блудный брат. Как мог такой несчастный человек искренне утверждать, что он совершенен и не нуждается в покаянии? Таков самообман греха.

Но он еще не закончил. Далее он сравнил себя с отцом, и, естественно, в его глазах отец был далеко не на высоте: «...ты никогда не дал мне и козленка, чтобы мне повеселиться с друзьями моими...» (ст. 29). Иными словами: «Другой твой сын приходит после публичного позора, и ты даришь ему первоклассную телятину и устраиваешь праздник всей деревней. Я работаю на тебя, как раб, годами, а ты даже не дал мне достаточно козлятины для небольшого приема с несколькими моими самыми близкими друзьями».

> Старший сын своими действиями демонстрировал, что не испытывает ни любви к отцу, ни интереса к любви отца к младшему брату, ни желания участвовать в радости отца, ни собственной радости.

Между прочим, это было неправдой. Помните, что отец передал старшему сыну полное право на все, чем владел. Это ложное утверждение в тысячу раз злее, чем настойчивое заявление старшего сына о том, что ему не за что просить прощения у отца. Теперь он действительно намекал на то, что отцу нужно просить прощения *у него*.

Слова, которыми старший сын описал то, что, по его мнению, должен был сделать для него отец, могут содержать еще одну подсказку о его отчужденности. Обратите внимание, что, если бы отец подарил ему козленка, он бы использовал его, чтобы «повеселиться с друзьями». Почет, который он представлял себе и считал заслуженным, — это привилегия веселиться со своими друзьями.

В понимании старшего брата идеальный праздник не включал ни брата, ни отца, ни их друзей и соседей. Он жил в совершенно другом мире. У него был совершенно другой круг друзей. Возможно, он все еще ночевал дома, но круг его отношений был замкнутым, исключающим отца, брата и более широкие семейные связи. Вместо этого он искал общения с людьми, которые разделяли его ценности, а это определенно исключало отца. (Кстати, даже эта характеристика старшего брата отражает отношение фарисеев. Они строго исключали из своего круга общения всех, кто не разделял их взгляды.)

Мы видим здесь сердитого, обиженного, завистливого, нераскаянного и жадного юношу. Это была не просто плохая реакция на неожиданное потрясение, вызванное событиями дня; это был истинный характер старшего брата.

ВРАЖДЕБНОСТЬ К БРАТУ

Далее этот озлобленный сын обратил свой гнев на вернувшегося блудного сына: «...а когда этот сын твой, расточивший имение свое с блудницами, пришел, ты заколол для него откормленного теленка» (ст. 30). Это, конечно, было еще одним нападением на характер, честность и добродетель его отца. Он все еще намекал на то, что отец был вопиюще несправедлив.

Но самое примечательное в этом заявлении — полное отсутствие какого-либо уважения к собственному брату. Он отказался обращаться к нему как к «брату моему». Вместо этого он назвал его «этот сын твой», а затем намеренно поднял тему его грехов и рассмотрел их во всех красках, хотя прекрасно знал, что отец уже объявил их прощенными.

Похоже, он специально отобрал самые оскорбительные грехи и вынес их на обсуждение первыми. Он называл грехи, за которые, согласно принципам Моисеева правосудия, справедливым наказанием считалась смерть (см. Втор. 21:18–21). Так он тонко подчеркивал, что блудный сын *должен* быть мертв и что он, откровенно говоря, чувствовал бы себя лучше, если бы это было так.

Это было удивительно хладнокровное и злобное нападение на сына, которого, как он знал, отец возлюбил — еще до того, как старший сын проявил хоть каплю вежливости, поприветствовав брата и дав ему возможность лично выразить свое раскаяние.

Это было вопиющее, не по-братски жестокое нападение. Помните, что старший сын был вполне доволен тем, что его непокорный брат потребовал свою часть наследства раньше времени и вообще ушел из дома. Может быть, формально он и не был соучастником бунта блудного сына, но и не оказывал на него никакого хорошего влияния.

Первенец должен был стать примером для своего младшего брата. И, вероятно, так оно и было. Вполне возможно, что блудный сын научился непочтительности у старшего брата, но, не имея сдержанности, которая приходит со зрелостью, он не понял, когда нужно остановиться, и таким образом открыто пошел по пути бунтарства, который едва не закончился его гибелью.

В сетованиях старшего сына нет и намека на печаль о чем-либо из этого. Его волновал только он сам, его желания, его положение и его самолюбие. Похоже, он хотел сказать, что был бы гораздо счастливее, если бы его брат действительно умер в далекой стране.

НЕВОСПРИИМЧИВОСТЬ К ИСТИНЕ

Хотя, судя по всему, отец с самого начала знал, что в сердце старшего сына не все в порядке, такой внезапный шквал хладнокровного бунтарства, должно быть, застал его врасплох. Это резко отличалось от обычного пассивно-агрессивного поведения, которое мальчик довел до совершенства.

Но даже после такого словесного натиска отец ответил ему с нежностью и мягкостью. Он сказал ему: «Сын мой! Ты всегда со мною, и все мое твое, а о том надобно было радоваться и веселиться, что брат твой сей был мертв и ожил, пропадал и нашелся» (Лук. 15:31–32).

Восемь раз в этом отрывке в греческом тексте используется слово huios, которое формально означает «сын». Однако здесь отец говорит teknon, что значит «дитя мое». Тон отца явно полон скорби и мучительной боли, смешанной с сострадательной любовью и милосердием. Он по-прежнему использует самые ласковые выражения и обращается с удивительно нежной просьбой.

Помните, этот сын обратился к отцу, не упоминая ни его титула, ни имени, без ласки и уважения: «Смотри! Я трудился для тебя, как раб». Он посягнул на добродетель, честность, справедливость и праведность отца. Старший сын был полон требований и лишен всякого понимания. Отец же, напротив (хотя у него была власть повелевать), ограничился лишь мягкой разумной просьбой.

Иногда легче проявить терпение к блудным сыновьям, чем к лицемерам. Как пастор, я часто думаю об этом. Бывшие грешники, которые пережили чудесное и основательное обращение, доставляют настоящую радость. Они, как правило, полны энтузиазма, благодарности, жаждут учиться и ревностно стремятся привести других ко Христу. Почти всегда те,

> Иногда легче проявить терпение к блудным сыновьям, чем к лицемерам.

кто больше всего огорчают своих пасторов, это люди, которые выросли в церкви и рано научились лицемерить. Из таких людей обычно выходят жалобщики, критики и зануды. Иногда требуется особая благодать, чтобы правильно реагировать на таких людей. Примечательно, что единственным фарисеем, названным во всех Евангелиях, который стал последователем Христа, был Никодим (Иоан. 19:39).

Этот отец поступил именно так. Он знал, что сын отчужден и несчастлив, и вместо того, чтобы отругать его за кислое настроение, он просто заверил первенца в своей любви и привязанности и напомнил ему о богатствах, которые уже принадлежали ему. Если он хотел наладить отношения со своим отцом, ему стоило только попросить. Если у него и были какие-то нужды, то все необходимое уже было наготове: «и все мое твое» (ст. 31). Действительно, так всегда и было. Сын обладал полным правом узуфруктария на все имущество. Его наследство, включавшее все, что принадлежало отцу, уже было доступно ему для использования по своему усмотрению.

Нет никаких признаков того, что старший сын откликнулся на нежные мольбы отца. Судя по всему, его сердце оставалось холодным, как камень.

Тогда отец обратился к нему с последней просьбой, полностью повторяя главную тему всей 15-й главы Евангелия от Луки: «...а о том надобно было радоваться и веселиться, что брат твой сей был мертв и ожил, пропадал и нашелся» (ст. 32).

По мнению отца, праздник был совершенно правильным и естественным. Его потерянный сын вернулся другим человеком. Это все равно что возвращение кого-то из мертвых. Они *должны* были это отпраздновать. Выбора не было: «Мы *должны* были веселиться и радоваться»[13]. Было бы неправильно *не* праздновать.

Этот невысказанный намек должен был тронуть сердце старшего сына: «Мы устроим праздник и в честь тебя, если ты придешь».

Взгляд отца был прямо противоположен взгляду старшего брата. Вы заметили это? В то время как сын вел себя так, словно был бы счастлив, если бы его брат умер, отец, который уже давно считал блудного сына не иначе как мертвым и много дней горевал о нем с разбитым сердцем, был очень рад, что он вернулся живым. Отец не мог понять отношения своего старшего сына, потому что, откровенно говоря, оно не имело смысла.

---

13 Цитата приведена из английского перевода Библии New American Standard Bible. — Прим. пер.

ДУХОВНАЯ БОРЬБА

Эта заключительная сцена драмы Иисуса совершенно невероятна. Обмен мнениями между любящим отцом и его отчужденным сыном намеренно противопоставлен празднику, который представляет собой высшую радость небес. Контрасты разительны. Внутри — яркий праздник, с музыкой, танцами, пиром и любимым сыном, который искуплен и прославлен.

Но в темноте ночи происходит духовная борьба. Пока все в деревне чествовали отца, его собственный сын вытащил его наружу, чтобы выразить свое презрение. Старший брат в желчи собственной горечи только что обрушился на добродетель, честность и характер своего родного любящего отца. Словно все злобные мысли, которые он все эти годы хранил в своем сердце, вдруг вырвались наружу. Его маска была сорвана. Его тайна была раскрыта.

Тем не менее отец ответил, как всегда, с благодатью, милосердием, нежностью, состраданием и щедрой, чистой любовью. Теперь все зависело от старшего сына. Как он отреагирует?

На этом притча Иисуса закончилась — вне праздника, без удовлетворительного разрешения истории. Обращение отца к старшему брату повисло в воздухе, и притча завершилась нежным призывом к его покаянию.

Это потому, что вся притча была рассказана в первую очередь для того, чтобы выделить эту просьбу. На самом деле это было обращение Иисуса к фарисеям и всем остальным, кто считает себя достойным Божьей благодати и милости.

Если вы, дорогой читатель, думаете, что вашей собственной доброты достаточно, чтобы добиться хорошего положения перед Богом, то этот призыв обращен и к вам.

ЧАСТЬ 5

ЭПИЛОГ

ГЛАВА 11

ШОКИРУЮЩИЙ ФИНАЛ В РЕАЛЬНОЙ ЖИЗНИ

С этого дня положили убить Его.
— Иоанна 11:53

«...Брат твой сей был мертв и ожил, пропадал и нашелся» (Лук. 15:32).

На этих словах притча о блудном сыне закончилась, но конец ощущается как музыкальная композиция без финального, приносящего удовлетворение аккорда. Больше не было слов, и Иисус просто покинул общественное место, где учил. Он перешел в более приватную обстановку со Своими учениками, где начал рассказывать им совершенно новую притчу. Этот переход отражен в Евангелии от Луки 16:1: «Сказал же и к ученикам Своим: „Один человек был богат...“»

Это потрясающе. В каждой истории главное — концовка. Мы с нетерпением ждем финала. Он настолько важен, что некоторые читатели не могут удержаться и заглядывают в конец, чтобы узнать, как разрешится сюжет, прежде чем читать саму историю. Но эта история оставляет нас в подвешенном состоянии. Притча о блудном сыне заканчивается так внезапно, что текстолог с негативным отношением к Писанию вполне мог бы предположить, что перед нами просто фрагмент истории, по непонятным причинам не завершенный автором. Или, что более вероятно, концовка была записана, но каким-то образом отделена от оригинальной рукописи и потеряна навсегда. У этой истории наверняка должен быть конец, верно?

Но внезапность финала не оставляет нас без пояснения самой сути притчи; в концовке она и показана. Это последний удар в длинной череде потрясений, которые были заложены в рассказ Иисуса.

> Внезапность финала совершенно преднамеренна

Из всех удивительных сюжетных поворотов и поразительных деталей это самый главный сюрприз: Иисус очень быстро сформулировал суть притчи, а затем просто ушел, не разрешив противоречия между отцом и его первенцем. Но здесь нет никакого недостающего фрагмента. Иисус намеренно оставил историю незаконченной, а дилемму — нерешенной. *Предполагается*, что это заставит нас ждать кульминации или финального предложения.

Наверняка слушатели Иисуса стояли с открытыми ртами, когда Он уходил. Они, должно быть, задавали друг другу тот же вопрос, что и мы, когда читаем эти строки сегодня: «Что случилось? Как отреагировал старший сын? Чем закончилась эта история?» Фарисеи, как никто другой, хотели бы получить ответы, потому что старший сын явно олицетворял их.

Легко представить, что гостям, о которых идет речь в этой истории, не терпелось узнать, чем все закончилось. Все они еще находились на празднике и ждали возвращения отца в дом. Когда он так внезапно покинул пир, люди могли сделать вывод, что произошло что-то серьезное. В реальной ситуации, подобной этой, среди гостей начали бы шептаться, что старший брат где-то рядом и очень зол, что люди празднуют нечто столь предосудительное, как немедленное, безоговорочное, полное прощение блудного сына, который вел себя так плохо. Каждый хотел бы изучить выражение лица отца, когда он вернется в дом, — чтобы попытаться найти хоть какую-то подсказку о том, что произошло. Именно такой должна быть *наша* реакция как слушателей истории Иисуса.

Но Иисус просто ушел, оставив эту историю незавершенной, неразрешенной.

Кстати, Кеннет Бейли, пресвитерианский комментатор, свободно владеющий арабским языком, и специалист по ближневосточной литературе (он сорок лет жил и преподавал Новый Завет в Египте, Ливане, Иерусалиме и на Кипре), дает удивительный анализ литературного стиля истории о блудном сыне[14]. Структура притчи объясняет, почему Иисус оставил ее незаконченной. Бейли показывает, что притча естественным

---

[14] Kenneth E. Bailey, Finding the Lost: Cultural Keys to Luke 15 (St. Louis: Concordia, 1992), 110, 164.

образом делится на две почти равные части, и каждая из них систематически структурирована в виде зеркальной схемы (ABCD-DCBA), называемой *хиазмом*. Это вид параллелизма, который кажется поэтическим, но является обычным приемом в ближневосточной прозе, облегчающим повествование.

Первая половина, где все внимание сосредоточено на младшем брате, состоит из восьми строф, и в этом случае параллели описывают путь блудного сына от ухода до возвращения:

Еще сказал: «У некоторого человека было два сына;

A. Смерть — *и сказал младший из них отцу: „Отче! Дай мне следующую [мне] часть имения“. И [отец] разделил им имение.*

B. Все пропало — *По прошествии немногих дней младший сын, собрав все, пошел в дальнюю страну и там расточил имение свое, живя распутно. Когда же он прожил все, настал великий голод в той стране, и он начал нуждаться;*

C. Отказ — *и пошел, пристал к одному из жителей страны той, а тот послал его на поля свои пасти свиней; и он рад был наполнить чрево свое рожка́ми, которые ели свиньи, но никто не давал ему.*

D. Проблема — *Придя же в себя, сказал: „Сколько наемников у отца моего избыточествуют хлебом, а я умираю от голода;*

D. Решение — *встану, пойду к отцу моему, и скажу ему: отче! я согрешил против неба и перед тобою и уже недостоин называться сыном твоим; прими меня в число наемников твоих“. Встал и пошел к отцу своему.*

C. Принятие — *И когда он был еще далеко, увидел его отец его и сжалился; и, побежав, пал ему на шею и целовал его.*

B. Все восстановлено — *Сын же сказал ему: „Отче! Я согрешил против неба и пред тобою и уже недостоин называться сыном твоим". А отец сказал рабам своим: „Принесите лучшую одежду и оденьте его, и дайте перстень на руку его и обувь на ноги;*

A. Воскресение — *и приведите откормленного теленка, и заколите; станем есть и веселиться! Ибо этот сын мой был мертв и ожил, пропадал и нашелся". И начали веселиться».*

Вторая половина переключает внимание на старшего брата и развивается по аналогичной хиастической схеме. Но она резко заканчивается после седьмой строфы:

A. Он держится в стороне: «*Старший же сын его был на поле; и возвращаясь, когда приблизился к дому, услышал пение и ликование; и, призвав одного из слуг, спросил: „Что это такое?"*

B. Брат твой; мир (пир); гнев — *Он сказал ему: „Брат твой пришел, и отец твой заколол откормленного теленка, потому что принял его здоровым". Он осердился и не хотел войти.*

C. Дорогая любовь — *Отец же его, выйдя, звал его.*

D. Мои поступки, моя плата — *Но он сказал в ответ отцу: „Вот, я столько лет служу тебе и никогда не преступал приказания твоего, но ты никогда не дал мне и козленка, чтобы мне повеселиться с друзьями моими;*

D. Его поступки, его плата — *а когда этот сын твой, расточивший имение свое с блудницами, пришел, ты заколол для него откормленного теленка".*

C. Дорогая любовь — *Он же сказал ему: „Сын мой! Ты всегда со мною, и все мое твое,*

B. Брат твой; спасение (пир); радость! — *а о том надобно было радоваться и веселиться, что брат твой сей был мертв и ожил, пропадал и нашелся"».*

A. Отсутствующая концовка

Конец притчи намеренно сделан асимметричным, как бы с целью подчеркнуть отсутствие разрешения. Концовки просто нет.

Мы *должны* это заметить. Поскольку история резко обрывается на таком нежном призыве, каждому слушателю следует принять эту мольбу близко к сердцу, поразмыслить над ней, применить ее к себе лично и увидеть, что разумным будет радоваться вместе с отцом о спасении грешников. И, откровенно говоря, никто не нуждался в таком честном самоанализе больше, чем законники, книжники и фарисеи, которым Иисус рассказал эту историю. Эта притча была, прежде всего, приглашением для них оставить свою гордость и самоправедность и примириться с Божьим путем спасения. Но, кроме того, тот же принцип применим и ко всем другим — от беспутных грешников, как блудный сын, до ханжей и лицемеров, как старший брат, и всевозможных людей между ними. Таким образом, каждый, кто слышит эту историю, пишет собственную концовку в зависимости от того, как реагирует на доброту Бога по отношению к грешникам.

Это гениальный способ закончить историю. Она оставляет желание написать концовку, которую мы хотели бы увидеть. Каждый, чье сердце еще не ожесточилось самодовольным возмущением,

> Каждый, кто слышит эту историю, пишет собственную концовку в зависимости от того, как реагирует на доброту Бога по отношению к грешникам.

должен вынести из этой притчи нечто о славе Божьей благодати, явленной во Христе, — особенно о Его любящем прощении и радостном принятии кающихся грешников. Человек, уловивший хотя бы проблеск этой истины, наверняка захочет написать что-нибудь хорошее, например вот это:

> ,, Тогда старший сын пал на колени перед отцом и сказал: «Я каюсь в своем жестоком, лишенном любви сердце, в своем лицемерном служении, в своей гордости и самоправедности. Прости меня, отец. Сделай меня настоящим сыном и возьми с собой на праздник». Отец обнял своего первенца, осыпал его слезными, благодарными поцелуями, отвел в дом и посадил рядом с братом на почетные места. Они все вместе ликовали, и радость от этого и без того удивительного праздника внезапно удвоилась. Никто из присутствующих никогда не забудет эту ночь.

Это была бы идеальная концовка. Но я не могу написать финал за кого-то другого — в том числе за книжников и фарисеев. Они написали собственную концовку, и она совсем не похожа на эту.

ТРАГИЧЕСКИЙ ФИНАЛ

Не забывайте, что Иисус рассказал эту притчу, включая резкое окончание, в основном для книжников и фарисеев. На самом деле это была история о них. Старший брат представлял их. Незавершенность сюжета подчеркнула истину, что следующий шаг будет за ними. Последняя нежная просьба отца была мягким обращением Иисуса к ним. Если бы они потребовали на месте конца притчи, Иисус вполне мог бы сказать им: «Это зависит от вас». Окончательный ответ фарисеев Иисусу написал бы финал этой истории в реальной жизни.

> Окончательный ответ фарисеев Иисусу написал бы финал этой истории в реальной жизни.

Таким образом, мы знаем, чем на самом деле закончилась история, не так ли? Это не счастливый конец. Напротив, это еще один шокирующий поворот событий, который вызывает величайшее потрясение и сильнейшее возмущение. Они убили Его.

Поскольку отец в этой притче олицетворяет Христа, а старший брат — религиозную элиту Израиля, то, по сути, истинный смысл этой истории, написанный самими книжниками и фарисеями, должен звучать примерно так: «Старший сын разгневался на своего отца. Он взял кусок дерева и на глазах у всех забил его до смерти».

Я же говорил, что это шокирующий финал.

Возможно, вы думаете: «Нет! Эта история заканчивается не так. Я вырос, слушая эту притчу в воскресной школе. Не предполагается, что у нее трагический конец».

Действительно, кажется, что любой здравомыслящий человек, чей ум и сердце не извращены собственным ханжеством и лицемерием, будет слушать такую притчу с глубокой радостью и святой благодарностью за щедрую благодать, которая поднимает падшего грешника, восстанавливает его целостность и вновь принимает в лоно Отца. Любой смиренный сердцем человек, увидевший свое отражение в блудном сыне, естественно, присоединится к ликованию и торжеству отца, радуясь тому, что Иисус нарисовал такой яркий образ Божьей благодати. Как мы видели с самого начала, ясное послание притчи — о том, как охотно Иисус принимает грешников. Она должна закончиться радостью, а не трагедией. Все должны присоединиться к празднованию.

Но сердце старшего брата было явно (хотя и тайно до сих пор) ожесточено против отца. Он годами копил в себе обиду, гнев, жадность и своеволие, при этом выставляя благосклонность отца как знак своей правоты. Он никогда по-настоящему не понимал и не ценил благость отца, но был счастлив получать ее и выжимать из нее все, что только можно. Он совершенно неправильно истолковывал доброту отца, думая, что она доказывает его собственную состоятельность, тогда как на самом деле это было выражением *отцовской* благости. И как только отец проявил такую щедрую благосклонность к совершенно недостойному блудному брату, негодование старшего брата быстро закипело, и его истинный характер уже невозможно было скрыть.

Помните, что старший брат — это образ фарисеев. Его отношение в точности отражало их отношение. Если нам с вами поведение старшего сына кажется ужасным и непонятным, то фарисеям было совсем не трудно его понять.

Они были погружены в религиозную систему, которая культивировала именно такой самоправедный, самодовольный, самовлюбленный взгляд на благость и милость Божью. Они верили, что пользуются Божьей благосклонностью, потому что заслужили ее, все просто и ясно. Поэтому, когда Иисус проявил доброжелательность к раскаявшимся мытарям, блудницам и другим низшим слоям общества, которые явно не заслуживали никакой благосклонности, фарисеи возмутились. Они посчитали, что доброта Иисуса к ничтожным грешникам лишает их превосходства, и рассердились примерно так же, как и старший сын.

Не кажется ли вам примечательным, что, когда Иисус так резко прерывает рассказ притчи, полностью опустив концовку, повествование Луки совершенно умалчивает о какой-либо реакции фарисеев? Они прекрасно понимали, что смысл притчи направлен против них и должен их пристыдить. Но они не задавали вопросов, не протестовали, не высказывали замечаний, не просили ничего уточнить. Причина в том, что они уже поняли отношение старшего брата. Оно было для них совершенно логичным. Возможно, они даже не ощущали отсутствия развязки так, как большинство слушателей, потому что для них жалоба старшего брата казалась совершенно разумной. Для того чтобы эта история разрешилась так, как им *хотелось,* требовалось покаяние *отца.* В их идеальном сценарии отец понял бы, в чем дело, публично извинился бы перед старшим сыном, прилюдно пристыдил бы блудного сына за его глупое поведение, а затем, возможно, даже изгнал бы его навеки. Но фарисеи, несомненно, довольно ясно видели смысл сказанного Иисусом, чтобы понять, что история никогда не примет *такой* оборот.

Поэтому они ничего не сказали — по крайней мере, ничего из того, что Лука (ведомый Святым Духом) посчитал достаточно важным, чтобы записать для нас. Возможно, они просто развернулись и ушли. Более вероятно, что Иисус отвернулся от них.

Давайте предположим, что в этой части повествования Луки нет многоточия. Евангелие от Луки 15 завершается там, где заканчивается притча о блудном сыне. Но в 16-й главе Иисус продолжает говорить. Похоже, что это запись одной продолжительной беседы. И в Луки 16:1 Иисус действительно отворачивается от книжников и фарисеев «к ученикам» и начинает наставлять их другой притчей. Эта притча о проницательности неверующих и о невозможности служить одновременно Богу *и* деньгам. В Евангелии от Луки 16:14 говорится: «Слышали все это и фарисеи, которые были сребролюбивы, и они смеялись над Ним», то есть высмеивали Его.

Очевидно, что после того, как притча о блудном сыне внезапно закончилась, они остались поблизости, возможно, на периферии, не переставая противостоять Иисусу. Они были полны решимости заставить Его замолчать, чего бы это ни стоило. И именно такое отношение побудило их написать для себя трагический конец величайшей притчи всех времен.

Ненависть фарисеев к Иисусу росла с того дня, как Он рассказал им притчу, и до тех пор, пока они не организовали заговор с целью убить Его. «Через два дня надлежало быть празднику Пасхи и опресноков. И искали первосвященники и книжники, как бы взять Его хитростью и убить...» (Марк. 14:1). В конце концов они заручились благосклонным содействием римских властей и даже сговорились с Иродом и распяли Его.

Крестная смерть Христа произошла по их настоянию всего через несколько месяцев после этой встречи в 15-й главе Евангелия от Луки. Тогда они хвалили себя за праведный поступок, который, как они были уверены, послужит чести Израиля и истинной религии, воплощенной, по их мнению, в их любимых традициях.

СЛАВНОЕ ПРОДОЛЖЕНИЕ

Здесь кроется божественная ирония: совершив худшее, они исполнили лучшее, что было в Боге (Деян. 2:22; 2 Кор. 5:21; Ис. 53). Но даже смерть Иисуса не была концом истории. Ни одна могила не могла удержать Его в своих оковах. Он воскрес из мертвых в знак того, что раз и навсегда победил грех, вину и смерть. Его смерть на кресте наконец привела к действенному искуплению кровью, которое было окутано тайной на протяжении веков, и Его воскресение стало доказательством того, что Бог принял это искупление.

Поэтому смерть Иисуса обеспечила нам то, чего никогда не могла достичь кровь быков и козлов: полное и приемлемое искупление греха. А Его совершенная праведность дает нам именно то, что необходимо для нашего искупления: облачение в совершенную праведность, равную совершенству Самого Бога. Значит, в этой истории все-таки есть истинное и благословенное продолжение.

ПРИГЛАШЕНИЕ ДЛЯ ВСЕХ

Приглашение стать частью великого праздничного пира по-прежнему звучит для всех. Оно распространяется даже на вас, дорогой читатель. И неважно, являетесь ли вы открытым грешником, как блудный сын, тайным, как его старший брат, или же в вас есть черты каждого из них. Если вы все еще отчуждены

Приглашение стать частью великого праздничного пира по-прежнему звучит для всех. Оно распространяется даже на вас, дорогой читатель.

от Бога, Христос призывает вас признать свою вину и духовную нищету, обнять Небесного Отца и примириться с Ним (2 Кор. 5:20).

И Дух и невеста говорят: «Приди!» И слышавший да скажет: «Приди!» Жаждущий пусть приходит, и желающий пусть берет воду жизни даром (Откр. 22:17).

А теперь наслаждайтесь праздником.

РАССКАЗАННАЯ ИСТИНА. УЧИМСЯ НАХОДИТЬ СМЫСЛ В ПРИТЧАХ

...Вам дано знать тайны...
— Матфея 13:11

Какое значение имеет то, что Иисус использовал истории в качестве средства передачи Своего учения? Тридцать лет назад типичный евангелист мог бы легко ответить на этот вопрос в трех предложениях или меньше. На самом деле это совсем не сложный вопрос, потому что Иисус Сам ответил на него однозначно, сказав, что использует притчи по двойной причине: чтобы проиллюстрировать истину для тех, кто готов ее принять, и чтобы скрыть истину от тех, кто ее все равно ненавидит:

> Когда же остался без народа, окружающие Его, вместе с двенадцатью, спросили Его о притче. И сказал им: «Вам

дано знать тайны Царствия Божия, а тем внешним все бывает в притчах; так что они своими глазами смотрят, и не видят; своими ушами слышат, и не разумеют, да не обратятся, и прощены будут им грехи» (Марк. 4:10–12).

Итак, короткий и простой ответ на наш начальный вопрос заключается в том, что притчи Иисуса — это инструменты, с помощью которых Он преподавал и защищал *истину*.

Проведите простое исследование, и вы заметите, что, когда Иисус объяснял ученикам Свои притчи, Он всегда давал определенное, объективное значение используемым символам: «...семя есть слово Божье...» (Лук. 8:11). «...Поле есть мир...» (Матф. 13:38). Иногда символизм совершенно очевиден без всяких объяснений, как, например, в притче о пастухе из Евангелия от Луки 15:4–7 (который, очевидно, является образом Самого Христа). В других случаях смысл требует более тщательного обдумывания и экзегезы, но истинное значение все равно можно понять и объяснить. Немного усердия и тщательного размышления всегда приносят богатые плоды при изучении притч. Разумеется, именно это я и старался делать на протяжении всей этой книги.

Независимо от того, очевидно ли истинное значение того или иного символа или оно требует небольшого расследования, суть остается прежней: все притчи Иисуса *иллюстрировали* Евангелие. Эти истории не были (как некоторые сегодня любят говорить) творческой альтернативой пропозициональным истинам, призванной вытеснить определенность. Они не были фантазиями, рассказанными просто для того, чтобы вызвать какое-то чувство. И уж точно это не были игры разума, придуманные, чтобы напустить туману. И, конечно,

Иисус не использовал вымысел, чтобы заменить мифологией саму истину.

Прежде всего, Он не предлагал Своим слушателям толковать истории так, как им заблагорассудится, позволяя каждому личному мнению быть истиной в последней инстанции. Убеждение в том, что Библия сама по себе является окончательным правилом веры (и соответствующее убеждение в том, что Писание само по себе должно определять, как мы толкуем Писание), — давний канон библейского христианства. Отрицая это, вы, по сути, отрицаете авторитет Писания.

Это не значит, что все Писание *одинаково* ясно. В частности, некоторые притчи известны своей сложностью в толковании. Чтобы понять их правильно, требуется внимательность, упорный труд и помощь Святого Духа. Никто никогда не оспаривал этого всерьез.

Но по вопросу о том, *имеет* ли каждая притча единственный богодухновенный смысл и, следовательно, правильное толкование — *объективно* истинный смысл, — среди людей, уважающих авторитет Писания, никогда не было серьезных разногласий. Из этой идеи вытекает не менее обоснованный принцип: любое возможное толкование, противоречащее единственному истинному смыслу отрывка, ложно по определению.

Однако в нашу эпоху постмодернизма, похоже, раздается множество голосов, отрицающих эти простые принципы. Часто предполагают, что, поскольку Иисус так широко использовал притчи и рассказы в Своем публичном служении, Он, должно быть, думал об истине не так, как думают о ней современные мужчины и женщины. Является ли истина в конечном итоге объективной и неизменной реальностью, или же она мягкая, податливая и субъективная?

Это не просто интересное примечание к остальной части книги. Это крайне важный вопрос, который необходимо поднять и изучить, — особенно сейчас. Мы живем в поколении, где факты и реальность порой намеренно смешиваются с мифами, догадками, теориями, фальшью, вымыслом и ощущениями, а затем напускаются в виде темного тумана, чтобы само понятие *истины* казалось мутным, таинственным паром, лишенным настоящей сути.

Некоторые, кто предпочитает такое смутное представление об истине, пытаются сказать нам, что Иисус придерживался именно такого подхода к обучению. Они говорят, что Он часто обращался к рассказам главным образом для того, чтобы подчеркнуть непостижимость божественной истины и тем самым поставить в тупик духовное высокомерие и лицемерие Своего времени. Фарисеи, например, считали, что они знают истину досконально, хотя и не были согласны с такими же самоуверенными саддукеями. Притчи Иисуса просто вернули понятие истины туда, где ей самое место: в непостижимое царство тайны.

По крайней мере, так считают те, кто глубоко проникся духом постмодернизма нашей эпохи. Они настаивают на том, что подвергать повествования Господа серьезному систематическому анализу в поисках точного толкования — это ошибка, потому что так можно упустить истинную цель историй. Вместо этого нам говорят, что лучше наслаждаться, восхищаться историями Иисуса и адаптировать их так, чтобы они были наиболее значимыми для нас. Согласно этому образу мышления, поскольку истории по своей природе субъективны, мы должны меньше задумываться о том, что *означают* притчи, и больше — о том, как сделать библейские истории своими[15].

Недавно мне попалось на глаза эссе, опубликованное в интернете анонимным автором (предположительно пастором), который переосмыслил притчу о блудном сыне с феминистской точки зрения и тем самым намеренно перевернул всю историю с ног на голову. В вольной интерпретации этого человека нам предлагается представить отца как отстраненного семейного патриарха, который бездумно прогоняет своего младшего сына по недосмотру. Эта новая грань истории «меняет все», торжественно сообщает нам неизвестный автор. Требование сына о скорейшем получении наследства теперь «намекает на предшествующее и, возможно, давнее семейное напряжение, [и] беспутная жизнь мальчика может быть его попыткой „купить“… принадлежность и сопричастность», которых он давно жаждал, но не имел из-за того, что отец так легкомысленно отверг его. Таким образом, стремление блудного сына к безрассудному образу жизни становится не самоугождением, а отчаянным криком о помощи[16].

Отмечая, что притча о блудном сыне, рассказанная Иисусом, не имеет развязки, автор статьи полагает, что это «показывает бессрочность Царства Божьего». Более того, *истинный* финал истории — «это конец моей, твоей и всех остальных историй — за пределами наших самых смелых мечтаний»[17].

---

[15] Я дал более подробный ответ на нынешнюю волну постмодернистских влияний среди евангелистов в книге The Truth War (Nashville: Nelson, 2007).

[16] Эссе «Посмотрите этот женский фильм» (Check Out This Chick-Flick) было опубликовано анонимно в блоге First Trinity Lutheran Church (ELCA) в Индианаполисе; http://firsttrinitylutheran.blogspot.com/2007/03/check-out-this-chick-flick.html/.

[17] Там же.

При таком полностью субъективном подходе истории Иисуса превращаются в игрушки, которые можно гнуть и придавать им любую форму, какая только может прийтись по вкусу слушателю. Все послание Иисуса становится универсальным, субъективным и бесконечно приспосабливаемым к потребностям и личным предпочтениям каждого слушателя.

В наши дни очень популярно такое отношение к учению Иисуса: как будто Его притчи были даны главным образом для того, чтобы создать настроение и заложить основу для миллиарда уникальных личных драм. Можно восхищаться декорациями, но нельзя выставлять историю на свет и пытаться найти в ней объективный или универсальный смысл. Вместо этого мы должны постараться прочувствовать эту историю сами, прожить ее или пересказать своими словами, используя лишь свое воображение. Именно так мы можем сделать истории Иисуса *своими* историями. По сути, это означает, что интерпретацию, урок и конец каждой истории в конечном итоге определяем мы сами.

В современных научных кругах такой подход был бы признан довольно экстремальной формой *нарративного богословия*. Это модное нынче слово используется для описания целого ряда новых идей о том, как мы должны толковать Библию (с особым акцентом на «сюжет», а не на истинность Писания). Мода на нарративное богословие привела к огромному количеству дискуссий и значительной путанице в отношении роли Иисуса как рассказчика. Что Он хотел передать в Своих рассказах? Почему Он использовал так много притч? Как мы должны их понимать? Изменяет ли сама форма повествования или сводит на нет обычные правила толкования Писания?

В еще более широком смысле, можно ли утверждать, что частое использование Иисусом историй — весомый аргумент против систематического подхода к доктрине, которого исторически придерживались христиане? Действительно ли нам *нужно* анализировать Писание, систематизировать истину и пытаться понять библейское учение каким-либо логическим способом, или же можно просто ценить истории и приукрашивать их собственными сюжетными поворотами и жизненными концовками? Проще говоря, неужели стиль учения Иисуса несовместим с нашими доктринальными положениями, исповеданиями веры и систематическим подходом к богословию?

Это все важные вопросы, но на них несложно ответить, если просто принять за чистую монету то, что говорит сама Библия о том, как Иисус использовал притчи.

ИСТОРИИ КАК ДЕЙСТВЕННЫЕ ПРОВОДНИКИ ИСТИНЫ

Иисус был мастером рассказывать истории, но Он никогда не рассказывал их только ради самих историй. Его притчи не были игрой слов или загадками «сделай сам», где каждому слушателю предлагалось придумать собственный смысл. Каждая Его притча содержала важный урок, который исходил от Самого Христа и был заложен Им в основу притчи.

Это очень важный факт, который следует иметь в виду, потому что он объясняет, как *истина* (в нашем ее понимании) совместима с рассказами. Даже чистый вымысел не является полностью несовместимым с нашими представлениями об истине, потому что каждая хорошо рассказанная история в конечном итоге имеет смысл. А смысл хорошей истории должен быть правдивым (или, по крайней мере, соответствовать жизни на *каком-то* уровне), даже если сама история рисует полностью вымышленный сценарий.

Такова сама природа притч. Это главная причина того, что (как мы уже говорили во введении к этой книге) самое важное в каждой притче — это один центральный урок, и мы должны сосредоточиться на нем, а не искать скрытый смысл во всех второстепенных деталях истории. Когда вы видите ключевую мысль притчи, перед вами открывается суть истины, которую история стремится донести до читателя. Сам урок иногда дополнен или приукрашен элементами сюжета, персонажами и другими деталями истории. Но нет необходимости искать многослойные смыслы или предполагать, что в притче скрыт какой-то более глубокий символ или иное измерение истины. Как мы уже отмечали во введении, притчи — это не аллегории, полные символов сверху донизу. Они подчеркивают одну важную истину — как мораль хорошо рассказанной истории.

Это объясняет, почему жизненно важная истина, заключенная в притче, постоянна и объективна, а не является метафизическим куском глины для лепки, которому мы можем придавать любую форму. Вспомните, что, когда Иисус начал использовать притчи в Своем публичном служении, Он уединился с учениками и тщательно объяснил им притчу о сеятеле (Матф. 13:18–23). Она имела ясное, простое, единственное, прямое, *объективное* значение, и, объясняя ее им, Иисус указал, что все притчи могут быть поняты с помощью подобного метода толкования: «Не понимаете этой притчи? Как же вам уразуметь все притчи?» (Марк. 4:13). Таким образом, нет абсолютно никаких оснований предполагать, что использование Иисусом притч каким-то образом указывает на то, что истина настолько окутана тайной, что совсем непознаваема.

Напротив, как мы уже отмечали в начале этого приложения, Иисус использовал притчи, чтобы сделать определенные истины понятными для верующих, но при этом скрыть их смысл от неверующих.

Задумывались ли вы, *почему* Он так поступал? Сокрытие истины от неверующих было (что очень важно) актом милосердия, потому что чем больше истины они слышали и отвергали, тем хуже было бы для них на последнем суде.

Но то, что Иисус использовал притчи, было также временным знаком суда над ними, который запечатлел их упрямое неверие и удалил от них свет истины. Они уже ожесточили свои сердца: «...ибо огрубело сердце людей сих, и ушами с трудом слышат, и глаза свои сомкнули, да не увидят глазами и не услышат ушами, и не уразумеют сердцем, и да не обратятся, чтобы Я исцелил их» (Матф. 13:15). Неверие может быть необратимым. Иисус использовал притчи, чтобы подчеркнуть эту реальность и предупредить всех — призвать нас не ожесточать свои сердца, как это делали фарисеи, а искать истину.

Все же Иисус сказал ученикам: «Ваши же блаженны очи, что видят, и уши ваши, что слышат...» (Матф. 13:16). Иисус давал понять, что притчи имеют объективный смысл, и этот смысл действительно можно постичь. «Вам дано знать тайны Царствия...» (Марк. 4:11). Таким образом, Он ясно показал, что в притчах содержится вечная духовная истина, которую может увидеть, услышать и *познать* каждый, у кого есть духовные глаза и уши.

И хотя притчи скрывали смысл слов Иисуса от *неверующих*, это не значит, что Он навсегда покрыл истину непроницаемой завесой тайны. Истина на самом деле раскрывается и иллюстрируется в каждой из Его притч. Это жизненно важная, вневременная, неизменная, неповрежденная и однозначная истина — не какая-то бесплотная или недоступная. Напротив, она достаточно проста, чтобы любой верующий, используя обычные средства, смог прийти к ее здравому и уверенному пониманию.

БОГАТСТВО ИСТИНЫ В ПРИТЧАХ ИИСУСА

Истории Иисуса поражали как своей простотой, так и обилием. В Евангелиях от Матфея и от Луки многочисленные притчи иногда рассказываются быстро, одна за другой, почти без пояснений между ними. Пространные рассуждения, не содержащие практически ничего, кроме притч, иногда занимают целые главы в Евангелиях от Матфея и от Луки. (См., напр., Матф. 13; Матф. 24:32–25:30; и, конечно, Лук. 15:4–16:13.) Вероятно, записи, сделанные Матфеем и Лукой, были скорее репрезентативными образцами, чем исчерпывающим каталогом притч Иисуса. Тем не менее кажется разумным заключить, что схема «притча за притчей» близка к стилю рассуждений Иисуса.

Иисусу явно *нравилось* учить, рассказывая истории, а не перечисляя сырые факты для заучивания или излагая информацию в аккуратной систематической последовательности. Он никогда не был чопорным и педантичным, но всегда был непринужденным и разговорчивым. В притчах встречались знакомые образы, и иногда они вызывали бурные эмоции.

Именно это, а не аккуратные списки или ловкие аллитерации, делало проповедь Иисуса наиболее запоминающейся.

Это, кстати, не новое наблюдение; это факт, который явно виден в тексте Нового Завета — особенно в трех синоптических Евангелиях (от Матфея, Марка и Луки). И, конечно, все четыре Евангелия, а также Книга Деяний записаны почти полностью в повествовательной форме. Сегодня в определенных научных кругах внезапный всплеск энтузиазма по поводу «повествовательного богословия» и «повествовательной проповеди» может создать у некоторых студентов впечатление, что ученые только недавно обнаружили, что Библия полна историй. Прочитайте несколько последних книг и журналов на эту тему, и у вас даже может сложиться впечатление, что церковь оставалась в неведении (по крайней мере с начала современной эпохи), пока ученые, читающие Библию через постмодернистские линзы, вдруг не заметили истинное значение повествовательного стиля учения Христа.

На самом деле почти все компетентные учителя в истории церкви, начиная с самих авторов Евангелий, лучших отцов ранней церкви и заканчивая почти всеми важными протестантскими библейскими комментаторами последних четырех столетий, должным образом отмечали и настоятельно подчеркивали предпочтение Иисусом повествовательных приемов.

Но тот факт, что Иисус предпочитал повествовательные формы, не отменяет ни дидактической цели притч, ни неизменной истины, которую они должны были передать.

Евангелие от Матфея 13:34–35 очень просто описывает правильную точку зрения на притчи и их истинную ценность: «Все сие Иисус говорил народу притчами, и без притчи не говорил им, да сбудется реченное через пророка, который говорит: „Отверзу в притчах уста Мои; изреку сокровенное от создания мира"». Апостол цитировал Псалом 77:2–4, в котором описывается основная цель притч как средства *откровения*, а не *сокрытия*. Единственный контекст, в котором притчи намеренно умалчивают истину или окутывают ее тайной, — это столкновение с умышленным, враждебным неверием.

ИСТОРИИ И ПРОПОЗИЦИИ

В этом обсуждении необходимо кратко остановиться на еще одном важном вопросе, а именно: нарушаем ли мы весь смысл повествования, когда обобщаем истины, почерпнутые из притч, и излагаем их в пропозициональной форме.

Этот вопрос часто задают люди, которые вдохновляются популярным постмодернизмом. Они представляют себе *истории* и *пропозиции* как совершенно отдельные категории — практически противоположные способы мышления об истине. По словам одного автора, «зарождающееся Евангелие электронной эпохи выходит за рамки когнитивных *пропозиций* и линейных формул, чтобы принять силу и истину *истории*»[18].

Согласно этому образу мышления, истинность истории не может и не должна сводиться к простой пропозиции.

Пропозиции — это строительные блоки логики. Они по своей сути просты, а не сложны. Пропозиция — это не что иное, как утверждение, которое либо подтверждает, либо отрицает что-то. «Иисус Христос — Господь всех»

---

18 Shane Hipps, The Hidden Power of Electronic Culture (Grand Rapids: Zondervan/ Youth Specialties, 2006), 90; emphasis added.

(см. Деян. 10:36) — классическая библейская пропозиция, выражающая одну из основополагающих истин всего христианского учения. Другая пропозиция: «Нет другого имени под небом, данного человекам, которым надлежало бы нам спастись» (см. Деян. 4:12). Первый пример — это утверждение превосходства и исключительности Иисуса, второй — отрицание обратного. Оба примера представляют собой простые пропозиции, которые провозглашают одну и ту же основную библейскую истину, но в несколько иной форме.

Истинностное значение каждой пропозиции двоично: оно может быть либо истинным, либо ложным. Среднего значения не существует. И вот в чем загвоздка для постмодернистского мышления: пропозиции не допускают никакой двусмысленности.

Поскольку форма пропозиции требует либо утверждения, либо отрицания, а постмодернистское мышление предпочитает неопределенность и расплывчатость, а не ясность, неудивительно, что само понятие пропозициональной истины вышло из употребления в нашу эпоху постмодернизма. Истории, напротив, широко воспринимаются как изменчивые, субъективные и не обязательно категоричные — точно так же, как и постмодернистское представление о самой истине.

Поэтому в наши дни все чаще можно услышать, как люди высказывают убеждение, что истина, воплощенная в историях, по своей природе совершенно отличается от той истины, которую мы можем выразить в пропозициях. В целом они отстаивают изменчивую, субъективную, неоднозначную концепцию истины как таковой.

Принять такую точку зрения — значит, по сути, уничтожить само понятие истины. Истина не может быть выражена вербально или утверждена формально — даже в виде рассказа — без обращения к пропозициям. Поэтому постмодернистская попытка отделить истину от пропозиций — это не более чем способ говорить об истине, играть с идеей истины и на словах поддерживать существование истины без необходимости утверждать что-либо как истинное или отрицать что-либо как ложное.

Именно поэтому у церкви есть исторические вероучения и исповедания, и все они полны пропозиций. Я неоднократно слышал, как Альберт Молер говорил, что библейское понятие истины всегда *больше,* чем пропозиция, но никогда не *меньше.*

Он прав. Мы не должны думать, что использование Иисусом историй и притч каким-либо образом уменьшает важность точности, ясности, исторических фактов, объективной реальности, здравой доктрины или пропозициональных утверждений об истине.

На самом деле не все притчи Иисуса были полноценными историями. Некоторые из самых коротких были изложены в прямой, простой пропозициональной форме. «Царство Небесное подобно закваске, которую женщина, взяв, положила в три меры муки, доколе не вскисло все» (Матф. 13:33). Или: «...всякий книжник, наученный Царству Небесному, подобен хозяину, который выносит из сокровищницы своей новое и старое» (ст. 52). Также: «Оно [Царство] подобно зерну горчичному, которое, взяв, человек посадил в саду своем; и выросло, и стало большим деревом, и птицы небесные укрывались в ветвях его» (Лук. 13:19).

Более того, пропозиции используются в качестве строительных блоков в каждой из притч, которые Иисус рассказывал в развернутой форме. Возьмем, к примеру, притчу о блудном сыне. Самое первое предложение: «У некоторого человека было два сына...» — это простая пропозиция. Заключительная фраза притчи также представляет собой простую пропозицию: «...брат твой сей был мертв и ожил, пропадал и нашелся» (ст. 32). Это утверждения о фактах истории, а не о главном истинном утверждении, которому она призвана научить, но они служат иллюстрацией того, что без использования пропозиций вряд ли возможно передать как простую истину, так и сложную историю. Более того, практически невозможно представить себе подлинно *познаваемую* истину, которая не могла бы быть выражена в пропозициональной форме.

В качестве другого примера рассмотрим еще раз три созвучные притчи из 15-й главы Евангелия от Луки (о заблудшей овце, потерянной драхме и блудном сыне). Единственное объяснение, которое Иисус предлагает в качестве ключа к их смыслу, — это одно пропозициональное утверждение: «...на небесах более радости будет об одном грешнике кающемся, нежели о девяноста девяти праведниках, не имеющих нужды в покаянии» (Лук. 15:7). Это, как мы подчеркивали на протяжении всей книги, главная тема и ключевой стих этого обширного раздела Писания.

Обратите внимание: *этот стих утверждает истину, которая по определению объективна.* Он описывает, что происходит на небесах, когда кто-то кается. Он раскрывает реальность, которая никак не зависит от индивидуальной точки зрения человека. Напротив, это факт, который истинен независимо от того, как кто-то его воспринимает. На самом деле он был истинным с самого начала, еще до того, как его восприняло какое-либо земное существо. Именно это мы имеем в виду, когда говорим, что истина объективна.

Почему все это важно? Потому что истина сама по себе крайне важна, а церковь сегодня находится в неминуемой опасности продать свое право первородства в обмен на постмодернистскую философию, которая, по сути, отменяет саму идею истины.

Это основание, которое мы не можем уступить. Мы должны быть готовы подчинить свой разум истине Писания и отказаться подчинять Писание каким бы то ни было теориям или спекуляциям, популярным сегодня в светской философии.

Смотрите, братия, чтобы кто не увлек вас философией и пустым обольщением, по преданию человеческому, по стихиям мира, а не по Христу...

— Колоссянам 2:8

ПРО АВТОРА

Джон Мак-Артур — автор многочисленных бестселлеров, которые повлияли на миллионы жизней, пастор-учитель церкви «Благодать» в Сан-Вэлли (Калифорния), президент колледжа и семинарии «Мастерс»; президент «Благодать вам» — служения, которое выпускает одноименную международную радиопрограмму и множество печатных, аудио- и интернет-ресурсов; автор примечаний к Библии (MacArthur Study Bible), удостоенной премии «Золотой медальон».

ОТМИРАЮЩАЯ СОВЕСТЬ

Книга знаменитого американского проповедника призвана напомнить каждому человеку и обществу в целом о вопиющей порочности греха. Автор обличает современные теории о самоуважении и настаивает на необходимости покаяния. Именно это позволит нам не ощущать своей греховности и чувства вины и даст возможность обрести покой и свободу.

LEGERE.RU

СВОБОДА И СИЛА ПРОЩЕНИЯ

Немногие понятия являются более фундаментальными для христианства и более важными для личного и духовного благополучия христианина, чем прощение. Сегодня, в эпоху, когда стало модным «прощать себя», но не прощать других, как примирить наши современные представления о вине, виновности, милосердии и справедливости с учением Иисуса?

Пастор Джон Мак-Артур начинает книгу «Свобода и сила прощения» с рассмотрения доктрины об искуплении — основы любого учения о прощении. Затем он отвечает на некоторые распространенные вопросы о прощении, такие как: Зачем искать прощения у Бога, если Он уже оправдал нас? Как поступать в случае нанесения повторных обид? Когда уместно возмещение ущерба? Затем автор приводит действенные и актуальные библейские принципы прощения.

LEGERE.RU

БЛАГАЯ ВЕСТЬ

Издательство «Благая весть»

Любовь к чтению Слова Божьего и полезной духовной литературы — добрая традиция нашего братства с первого дня его основания. Мы молимся и трудимся для того, чтобы верующие церквей бывшего Советского Союза имели желание и возможность регулярно читать полезные христианские книги наряду с изучением Библии, чтобы они имели доступ как к богатому духовному наследию мужей веры минувших веков, так и к трудам современных христианских авторов.

 Канал издательства

Чтобы вы через чтение книг больше познавали Бога, мы:

- подбираем лучшие книги, доступные на русском языке;
- переводим новые книги по еще мало освещенным вопросам;
- помогаем издавать книги местных авторов со здравым богословием.

Книжный интернет-магазин Legere.ru

Цель книжного служения: обеспечить христиан хорошими печатными ресурсами, чтобы помочь им расти как в личном благочестии, так и в развитии своих навыков в служении.

- Цены: желание сделать книги максимально доступными.
- Содержание: строгий подход к выбору книг, сфокусированных на Боге и Его Слове.
- Сервис: удобный для посетителей сайт, простой заказ книг.

Программа «Снаряди пастора»

Цель программы: помочь русскоязычным пасторам и молодым служителям лучше подготовиться к служению через чтение хороших христианских книг.

Мы хотим помочь пасторам, которые ценят чтение книг, но имеют ограниченный бюджет на их покупку, а также студентам христианских учебных заведений, которые стремятся стать пасторами. Как участник программы «Снаряди пастора» Вы будете бесплатно получать по 1–2 книги в месяц в течение 18 месяцев. Мы надеемся, что эти книги заложат фундамент Вашей личной библиотеки и помогут сформировать культуру чтения хороших христианских книг в церквах.

Условия участия: надо верно читать полученные книги и присылать краткий отчет об одной из прочитанных книг 1 раз в квартал.

The Master's Academy International
www.tmai.org
publishing@tmai.org